LES MYSTÈRES

DU

MONT-DE-PIÉTÉ

PAR

ERNEST CAPENDU.

1

PARIS

ALEXANDRE CADOT, ÉDITEUR,

37, RUE SERPENTE, 37.

LES MYSTÈRES

DU MONT-DE-PIÉTÉ.

OUVRAGES D'ERNEST CAPENDU.

Les Mystères du Mont-de-Piété .... 6 vol.

Le capitaine Lachesnaye .... 11 vol.

Surcouf .... 2 vol.

Les Rascals .... 4 vol.

Marcof le Malouin .... 8 vol.

Le Pré Catelan .... 3 vol.

Mademoiselle La Ruine .... 5 vol.

L'Hôtel de Niorres .... 6 vol.

Bamboula .... 4 vol.

Les Mystificateurs .... 1 vol.

Les Colonnes d'Hercule .... 1 vol.

Imprimerie de F. Dépée, à Sceaux.

LES MYSTÈRES

DU

MONT-DE-PIÉTÉ

PAR

ERNEST CAPENDU.

1

PARIS

ALEXANDRE CADOT, ÉDITEUR

37, RUE SERPENTE, 37.

1861

LES

MYSTÈRES DU MONT-DE-PIÉTÉ.

———

Première partie.

———

LE PLUS BEAU JOUR DE LA VIE.

I

Les noces.

Restaurant, à ce qu'affirme le *Diction-naire de l'Académie*, se dit, par extension, de l'*établissement d'un restaurateur*.

Quelques paragraphes plus bas, le même dictionnaire ajoute :

« Restaurateur se dit aussi d'un traiteur

chez lequel on trouve, à toute heure, des aliments dont l'espèce et le prix sont indiqués sur une sorte de pancarte, et qui se servent par portions. »

Bien que nous ayons le plus profond respect pour le *Dictionnaire de l'Académie*, ce classique par excellence, nous pensons que les deux définitions, que nous venons de citer, sont loin d'être complètes.

Restaurateur peut avoir aujourd'hui le même sens que *traiteur*, mais à coup sûr, il n'a pas la même étymologie, comme origine.

Traiter et restaurer sont deux actes différents. On doit *restaurer* tous les gens que

l'on *traite*, mais on ne *traite* pas tous ceux
que l'on *restaure*.

Traiter signifie, recevoir à sa table (moyen-
nant, ou non, une rétribution), un certain
nombre de convives que l'on *traite* de son
mieux, et *restaurer* signifie, à proprement
parler, réparer, rétablir, remettre en bon
état.

Donc, si les *traiteurs* ont de tout temps
été des gens offrant bonne chère à leur
table, les premiers *restaurateurs* ont certes
dû être des industriels tenant une officine
qui participait à la fois de la cuisine et de
la pharmacie. Ils *restauraient*, en un mot,
les estomacs maladifs et souffrants.

Et pour preuve de ce que nous avançons,

nous citerons ce passage de Le Grand d'Aussy, passage emprunté à son *Histoire de la vie privée des Français.*

« On appelait *restaurants,* au seizième siècle, dit-il, des mets préparés avec de la viande de boucherie, ou de la chair de volaille, hachée très-menue et distillée ensuite dans un alambic, avec de l'orge mondé, des roses sèches, de la cannelle, de la coriandre et des raisins de Damas.

« De ces *restaurants* est venu le nom de *restaurateur* et *restaurant* dans le sens moderne. »

Les traiteurs, sous les dénominations de cabaretiers, aubergistes, taverniers, hôtel-

liers, remontaient à la plus haute antiquité.

Ils ont existé de tout temps.

Un auteur qui a traité, en 1574, *Des
causes de l'extrême cherté*, dit en parlant
des traiteurs qui pullulaient déjà à Paris :

« Chacun aujourd'hui veut aller dîner
chez le More, chez Sanson, chez Innocent et
chez Havart, ministres de volupté et de dé-
pense, qui, en une chose publique bien po-
licée et réglée, seraient bannis et chassés,
comme corrupteurs des mœurs. »

Les restaurateurs sont, eux, au contraire,
de plus moderne institution.

Le premier établissement *culinaire* désigné sous le nom de *Restaurant*, fut établi à Paris vers 1765, dans la rue des Poulies, par un nommé Boulanger.

Il avait placé sur sa porte cette devise :

« *Venite ad me omnes qui stomacho laboratis et ego restaurabo vos.*

Boulanger vendait des bouillons ou consommés, des volailles au gros sel, avec des œufs frais, et tout cela était servi promptement sur de petites tables de marbre, comme on en voit dans les cafés.

D'autres *restaurateurs* s'établirent à l'imitation de Boulanger, et depuis cette

époque le nombre s'en est multiplié à l'in-
fini.

Bientôt les cabaretiers, les hôtelliers se
virent abandonnés pour leurs concurrents
à la dénomination plus élégante.

La rage d'aller dîner hors de chez soi né
fit que croître dans les classes aisées : la
mode des réunions demi-publiques, des
banquets se propagea rapidement, comme
se propagent, en France, toutes les impor-
tations anglaises et... l'esprit de la conversation s'en fut avec les réunions intimes.

Les restaurateurs, s'ils ont contribué à
restaurer le corps (ce que nous sommes loin
de croire), ont certes grandement contribué
à tuer l'esprit.

Le moyen de causer librement, gaîment, franchement dans ces salons immenses où les tables sont les unes sur les autres et où les convives se touchent, se coudoient, partagent la même banquette sans se connaître !

Le moyen d'échanger ses pensées, sans crainte d'être entendu, dans ces espèces de petites loges aux cloisons de papier dans lesquelles on vous parque, sous prétextes de *cabinets particuliers !*

Toutes vos paroles s'en vont au dehors, tandis que toutes les émanations des cuisines voisines arrivent jusqu'à vous.

Le meilleur n'en vaut rien : nous sommes de cet avis.

Maintenant, parmi les *restaurateurs*, il y a deux catégories tranchées.

Les restaurateurs de soi-disant *utilité gastronomique*, chez lesquels les prétendus gourmets se persuadent qu'ils vont faire cuisine exquise.

Lés restaurateurs que nous pouvons nommer d'*utilité publique* : ceux chargés de confectionner les noces et festins, les repas de cent cinquante couverts, et chez lesquels le plaqué et les vases de porcelaine dorée, garnis de fleurs artificielles, jouent le principal rôle.

Pour les premiers nous serons impitoyables, car ils sont, au véritable art culinaire, ce que les marchands de vulnéraire suisse sont à la chirurgie ; mais pour les seconds, nous passerons condamnation d'autant plus volontiers que leur spécialité est presque une fonction sociale : le même jour ils donnent la main à l'église et à la mairie ; ils couronnent l'œuvre accomplie par le Code civil, sanctionnée par la loi religieuse ; ils font ce qu'ils peuvent pour que le premier pas dans la voie du mariage repose sur un lit de fleurs... artificielles, il est vrai, mais enfin symboliques.

Dans certaines classes de la société, le *restaurateur* chargé du point matériel de la *noce* est tout aussi indispensable que le maire et que le prêtre pour célébrer l'union, plus ou moins bien assortie.

Mais si les *restaurateurs* qui font leur spécialité des noces et festins, forment une première catégorie dans la grande espèce des traiteurs modernes, il y a parmi eux encore de nouvelles divisions dont chacune équivaut à un degré de l'échelle sociale.

Ce serait un livre bien curieux à lire que celui des *Mémoires d'un vieux restaurateur*, par rapport à l'histoire des unions célébrées dans ses salons.

De nos jours, où la célébration gastronomique est passée de mode dans les classes élevées, trois restaurateurs étaient, il y a cinq ans, et sont probablement encore a peu près demeurés les seuls représentants en réputation de l'art de confectionner un repas de 150 couverts, toujours accompagné de fleurs artificielles et suivi d'un bal, dans l'orchestre duquel règnent encore la clari-nette et surtout le flageolet.

Lemardelay, Deffieux, Chapard ont ouvert leurs salons, plus ou moins fraîchement et richement dorés (cela dépend du prix par tête de convive), aux mariés qui veulent cé-lébrer le jour de leur union par de nom-breuses heures de fatigue.

Les deux derniers surtout exploitent pres-que exclusivement cette branche de l'indus-trie parisienne, et tous trois, nous sommes heureux de le dire ici sans flatterie, ont ac-quis une réputation justement méritée par-mi les amis des festins de noce, mais tous trois passent pour les dignes sectateurs de

Bacchus et de Comus dans trois degrés différents de la société parisienne, et leurs salons ne voient pas indistinctement festoyer le même public.

Chez Lemardelay, la noce se pose en réunion élégante, et le bal a des prétentions à la grande soirée dansante.

Le service y est fait plus richement, plus splendidement, plus fastueusement : il y a des huissiers (moins cependant la chaîne traditionnelle).

Les gens qui font leur noce rue de Richelieu se sont mariés l'avant-veille à la mairie et ont déjà donné une petite soirée d'amis le jour de la signature du contrat.

Les notaires ont travaillé avant le restaurateur.

En sortant de la messe, chacun est rentré chez soi, et on se réunit à six heures seulement dans les salons du restaurateur.

Le garçon d'honneur et la demoiselle d'honneur n'existent pas.

La *grande tenue* est de rigueur, l'habit noir est porté, même par les domestiques.

La plaisanterie est rare, la distinction froide et compassée remplace l'effusion ; on a laissé les enfants à la maison.

On dîne... on boit peu, on ne chante pas. Personne n'a même songé à faire allusion à l'antique usage de la *jarretière de la mariée*.

Les conversations particulières peuvent se résumer par ces quelques mots, échangés avec force commentaires,

Côté des hommes :

— Beau mariage !

— Cent cinquante mille des deux côtés !

— Le beau-père cède sa maison dans trois ans à son gendre, qui, dès aujourd'hui, devient associé dans les affaires.

— Belle affaire pour X...

— Oh! X... est lui-même un bon parti. Fils unique et des parents très-âgés !

Côté des dames :

— La mariée a des diamants de quatre mille francs aux oreilles !

— La corbeille était splendide !

— Deux cachemires, dont un des Indes !

— Et trois volants en *point d'Alençon !*

— Mademoiselle Y... est une heureuse femme !

— On dit qu'elle aura une femme de chambre !

Côté des jeunes gens :

— Ce n'est pas amusant une noce ! J'aime mieux le Château des Fleurs.

— Ce soir, si vous voulez, nous irons souper à la *Maison-d'Or*.

— Non ! nous planterons là le bal et nous irons passer la soirée chez la petite Cora ; ce sera bien plus gai !

Côté des jeunes filles :

— Il n'est pas gentil, le marié !

— Moi, je le trouve trop blond.

— Et puis... il n'est pas tout jeune.

— La mariée a une robe qui lui va mal.

— Je ne voudrais pas être à sa place !

— Ni moi !

— Ni moi !

Au bal, il y a cohue : chacune des deux familles *contractantes* voulant faire preuve de ses nombreuses relations et ayant invité les amis des cousins de ses amis.

On pille les plateaux et on donne l'assaut au buffet... Les dames reviennent chez elles mourant de faim et de soif, car les cavaliers ont tout absorbé, et, le lendemain, les raccommodeuses de dentelles travaillent sur toute la ligne.

Le surlendemain, on se rencontre et l'on s'écrie :

— C'était mesquin !

— Dieu ! que je me suis ennuyé !

Voilà l'oraison funèbre du plus beau jour de la vie, qui a coûté 3,285 francs 30 centimes !

Les couples qui rassemblent leurs amis chez Deffieux et chez Chapard se sont mariés le même jour à la mairie et à l'église.

On a amené les enfants.

- Les garçons d'honneur brillent de tout l'éclat de leurs hautes fonctions : les demoiselles d'honneur ont un faux air de mariées.

Chez Deffieux, le fiacre est rare ; il sert seulement de caudataire au remise, dont le cocher a des gants blancs.

On se rend au restaurant au sortir de la

messe : les hommes courent au billard , les femmes entourent la mariée.

On cause : les deux familles font connaissance.

Quelquefois (quand la noce a lieu au second étage) la mariée va faire un tour de promenade en voiture, mais elle ne descend pas durant la route.

Mais quand la noce accapare les salons du premier , on fait venir un prestidigitateur qui amuse les heures ennuyeuses de l'arrivée au dîner.

L'habit est généralement porté ; seulement, sa coupe date d'une dizaine d'années au moins , et la *queue de morue* a encore

dans les groupes quelques fringants représentants.

Quelques hommes vont à leurs affaires,
car tous sont dans le commerce.

Les femmes de chaque famille médisent
de celles de l'autre, et on s'inquiète vivement des toilettes que chacune des assistantes
aura le soir.

On dîne à cinq heures pour pouvoir danser
plus tôt. Au dessert, quelques types des
mœurs d'autrefois entonnent une complainte
de circonstance.

Un monsieur folichon plaisante gaillardement, dit finement des gros mots à quadru-
ple entente, et chante une gaudriole.

Les mères mettent leurs serviettes sur les oreilles de leurs filles, et profitent de la circonstance pour se lever et aller procéder à la toilette de bal.

Celle de la mariée se fait dans un cabinet *ad hoc*.

A huit heures, toutes les jeunes femmes sont parties, les jeunes gens retournent au billard et fument, les vieillards restent à table, et les enfants ravagent les *surtouts* de confiseries et les assiettes de fruits.

A dix heures, le flageolet miaule et la mariée ouvre le bal.

A cinq heures du matin, la mariée est pâle, blême, fatiguée, défrisée, décoiffée. Sa robe blanche est devenue grise, ses souliers sont craqués ; son bouquet de fleur d'oranger ressemble à l'une de ces tiges que l'on plante sur les gâteaux de Saint-Jean.

Le marié est rendu : il a fait sauter toutes les danseuses ; ses cheveux lui tombent sur le front, ses bras sont ballants, il a l'air d'un noyé que l'on vient de repêcher.

Cependant, il cherche encore à faire l'aimable, mais il ne peut plus.

Trois mariages nouveaux ont été convenus entre des gens qui se connaissaient à peine la veille, et on se reconduit mutuellement.

Le lendemain, les deux beaux-pères font la grimace quand il s'agit de solder la note.

Ils payent, se regardent, et disent avec un soupir :

— C'est égal ! on s'est diantrement amusé.

Le surlendemain, la mariée est dans son comptoir et le marié à sa caisse.

Chez Chapard, le fiacre domine.

Le remise se montre de loin en loin, mais le cocher n'a pas de gants, et les chevaux ont le nez plus bas que les jarrets.

Là, le garçon d'honneur est le demi-dieu de la fête, et il y remplit également bien les fonctions de groom et celles de gendarme.

Les voitures arrivent et décrivent un demi-cercle sur la place d'Angoulême.

Les garçons d'honneur sont déjà sur le pavé : ils ouvrent toutes les portières avec un train digne d'éloges.

La mariée descend, le marié l'accompagne et veut embrasser sa femme sur le trottoir.

Le garçon d'honneur, préposé aux convenances, s'élance et sépare les deux époux.

Pendant ce temps, une nuée d'enfants grimpe l'escalier du restaurant en criant, en sautant, en gesticulant.

Les femmes et les enfants montent au salon prendre un ou plusieurs bouillons.

On se refait l'estomac : rien ne creuse comme l'émotion, et puis on n'a pas mangé depuis six heures du matin.

Il a fallu habiller les enfants et s'habiller ensuite soi-même.

De là, des tribulations incessantes qui font le sujet de la conversation générale.

Les garçons d'honneur, en cravate blanche et en habit noir, sont restés sur le trottoir de la place.

Ils se font voir dans tous leurs atours aux badauds qui les examinent.

Ils se promènent dans la rue d'Angoulême, sur le boulevard, et ils vont se rafraîchir au *café du Méridien*.

On s'appelle de loin, on rit bien haut... on s'amuse.

L'habit est de plus en plus rare : la redin-
gote domine avantageusement.

A une heure, tout le monde remonte en
voiture, (pauvres chevaux !) et l'on va au
bois de Boulogne.

Le garçon d'honneur allume un cigare et
se place invariablement sur le siége, à côté
du cocher avec lequel il lie conversation.

Il lui raconte l'histoire de sa famille et
celle de ses amours.

De temps en temps, il lui emprunte une
allumette pour redonner du feu au cigare
éteint dans l'animation de la causerie.

Tous les enfants ont la tête à la portière
et sont grimpés sur les genoux des invités.

Généralement , à moins de froid trop vif, les jeunes gens ont laissé leurs chapeaux au restaurant et sont tête-nue.

On arrive au bois : le temps est peu sûr.

Néanmoins la mariée descend : la boue ne tache pas, on se brossera en rentrant.

A quatre heures et demie, on est à table, et les garçons du restaurant tranchent les pains de quatre livres avec une activité qui dénote en faveur de l'appétit des convives.

On ne parle plus, on crie.

Au dessert, tout le monde chante à la fois, et le marié a quitté sa place pour aller s'asseoir auprès de sa femme.

On ne se lève que quand les garçons arrivent pour enlever le couvert, donner un coup de balai et préparer la salle pour le bal.

Pendant le *coup de balai*, la mariée s'est tenue près d'une fenêtre ouverte.

Sa *jarretière* a eu trois mètres de long et brille, par fragments, à toutes les boutonnières.

Les garçons d'honneur, ainsi décorés, retournent incontinent au café.

Les enfants jouent au *cheval fondu* dans le salon, et essuient leurs mains à toutes les draperies et à toutes les banquettes.

La joie brille dans tous les yeux quand le trombonne se fait entendre.

On commence une *polka* qui se prolonge

avec des variantes jusqu'à sept heures du matin. A sept heures et demie le parquet est mouillé.

Et, cette fois, tout le monde s'est bien et réellement amusé !

Seulement, les voitures manquent, mais on en prend d'autant plus facilement son parti que tout le monde avait l'intention de revenir à pied.

Les enfants dorment : les parents les portent dans leur bras.

Les garçons d'honneur proposent d'aller à la campagne, car il n'y a pas de belle fête sans lendemain.

Qu'on ne prenne pas pour une raillerie tout ce qui précède.

Nous avons voulu donner un aperçu, aussi fidèle que possible, des noces célébrées chaque jour à Paris, dans trois des principaux restaurants de la capitale.

Nous saurions d'autant moins critiquer et blâmer cette coutume établie depuis des siècles et que de nos jours on tend cependant à abolir, que nous en sommes les sincères partisans.

La noce a un avantage énorme : c'est celui de mettre, en un même jour et à la fois, en rapport deux familles qui viennent de s'unir entre elles.

I. 3

Après une noce, le marié et la mariée sont connus de tout le monde, et les relations à venir ne s'en nouent que plus promptement et mieux.

Puis, pour ceux qui vont rarement au bal et en soirée, une noce est une fête qui date, c'est un souvenir de plus dans la famille et c'est bien souvent l'occasion d'un rapprochement entre des parents désunis et qui, ce jour-là, oublient tout et se tendent cordialement la main.

Certes, nos pères n'étaient pas plus sots que nous et, s'ils ont institué la *fête des noces,* c'est qu'ils avaient de bonnes raisons pour agir ainsi et nous devons, nous, (ne serait-ce que par respect pour les vieux usages), conserver ces antiques traditions de famille qui forment un lien de plus.

Et maintenant, si le lecteur veut que nous fassions un choix dans les noces dont nous venons de donner précédemment une rapide exquisse, nous lui avouerons franchement que nous préférons de beaucoup la dernière aux deux autres, non que nous voulions parler ici en faveur d'un établissement au préjudice d'autres, mais parce que la vraie noce bien gaie, bien joyeuse, bien bruyante, sans gêne, sans affectation, sans cérémonie, celle enfin où règne, sans prétentions à la copie des mœurs plus élevées, la belle et entraînante gaîté populaire, se rencontre plus encore dans les salons moins bien dorés

des *Capucins*, que dans ceux de ses concurrents plus aristocratiques.

Les salons du restaurant de la place d'Angoulême ont entendu, à coup sûr, plus de
mots risqués, plus de quolibets égrillards,
plus d'expressions triviales que ceux des
restaurants du boulevard Saint-Martin et de
la rue de Richelieu, mais à coup sûr aussi
leurs échos sonores ont répété plus de fran-
che gaîté et moins de médisances.

Au reste, que le lecteur en juge, car c'est
chez Chapard que nous allons le conduire,
un mardi du mois de mai de l'année 1855,
au moment où l'horloge du *Cadran-bleu*,
qui existait encore, marquait une heure de
l'après-midi, et tandis que les rayons vivi-

fiants d'un soleil déjà ardent chauffaient,
sur le *boulevard du Crime*, les rhumatismes
des vieux rentiers du Marais installés sur les
bancs des bas-côtés, et le dos des comédiens
se promenant devant la façade des théâtres
en attendant l'instant de la répétition.

Après la messe.

Une voiture de remise, estimable carriole qui avait certainement promené , sous la Restauration , quelque *dandy* dont on vantait alors le luxe , une voiture de remise, disons-nous, attelée de deux chétifs chevaux bruns , maigres d'échine , ployant sous le harnais et trébuchant sur le pavé, tournait l'angle formé par le boulevard du Temple et la rue d'Angoulême.

Le cocher, enveloppé dans une immense houpelande de couleur jadis noisette, montrait son nez rouge et fleuri sous les rebords d'un chapeau garni d'un galon de laine noire.

Un jeune homme de vingt-deux à vingt-trois ans, mince, petit, maigre, mais qui à en juger par les contorsions qu'il faisait, devait avoir, suivant l'expression populaire, *du vif argent dans les veines*, se tenait sur le siége à côté de l'automédon.

Parfois il se courbait subitement en deux, se retournant à demi, et sa tête, disparaissant par l'ouverture de devant de la voiture dont la glace était baissée, pénétrait dans l'intérieur du carrosse.

Ce jeune homme, le cou dûment serré dans une cravate de la plus immaculée blancheur, portait un pantalon, un gilet et un habit noirs.

Sans doute, pour pouvoir mieux exécuter sa pantomime et échanger plus librement quelques paroles avec les personnes placées dans la caisse, il tenait son chapeau à la main.

Son visage, qu'éclairaient en plein les rayons du soleil, n'était ni beau, ni laid, mais il était très-mobile et très-expressif.

Les promeneurs s'arrêtaient sur le passage de la voiture et examinaient curieusement les personnages qu'elle contenait.

A la portière de gauche apparaissait une tête de jeune fille, blanche et rose, au teint frais exprimant la jeunesse et la santé, aux beaux yeux bleus, à la bouche carminée souriant et montrant deux rangées de belles dents petites et blanches, au menton rond et orné d'une mignonne fossette, aux cheveux châtains sur lesquels était disposée avec grâce la couronne symbolique de fleurs d'oranger.

Cette charmante apparition faisait sourire les curieuses et retourner les curieux, et les empêchait de remarquer le profil cassé d'une tête d'homme, au nez pointu, au front bombé, aux petits yeux ronds, à la bouche énorme et au menton saillant, qui se trouvait placée en face de celle de la jolie mariée.

A la portière de droite on ne distinguait, au premier abord, que la gigantesque carcasse d'un chapeau de femme, couleur carmélite, et orné d'une telle profusion de fleurs et de feuillages qu'il avait l'aspect d'un berceau artificiel.

Quand le berceau se tournait un peu du côté de la rue, on apercevait, au fond de son antre, une petite figure toute ridée, toute recoquevillée, et rouge comme une pivoine épanouie.

En face du bosquet, et presque enfouie sous son ombre, se dessinait une tête d'homme, très-longue, très-étroite, imberbe, au crâne pointu, au menton pointu, aux joues rentrées, à la bouche ne s'ouvrant qu'en hauteur, aux yeux ronds, aux sourcils arqués comme des accents circonflexes, et garnie à son sommet d'une profusion de cheveux tellement blonds qu'ils pouvaient, de loin, être pris pour ceux d'un Albinos.

Le personnage, auquel appartenait cette tête, était vêtu, comme l'autre homme placé près de lui, d'un habit, d'un gilet, d'un pantalon noirs et il était cravaté de blanc.

La mariée pouvait avoir vingt ans, son vis-à-vis en comptait bien cinquante ; la dame au bosquet était d'un âge insaisissable, et le personnage aux cheveux blonds approchait des limites de la trentaine.

Derrière ce premier carrosse s'avançait un second véhicule du même genre, suivi, lui-même, par quatre fiacres de la plus belle dimension.

Chaque cocher de chaque voiture avait, assis près de lui, un jeune homme en grande toilette.

Le tout marchait à la file et formait cortége.

L'équipage de tête atteignait la place d'Angoulême.

— Eh ! monsieur le marié ! — cria le jeune homme placé près du cocher de la première voiture et en se retournant pour donner une tape sur l'épaule de l'homme demi-albinos

assis en face du bosquet de fleurs et de ver-
dure.—Eh ! nous voilà arrivés ! Faut-il renvoyer les voitures ?

— Non ! non, Jules, — dit vivement la
mariée, — nous irons au bois de Boulogne.

— Il fait bien froid, ma bru ! — dit une
voix partant du fond du bosquet.

— Froid, madame ! — s'écria la jeune
fille.— Mais il fait un temps superbe !

— Mon thermomètre marquait ce matin
17° au-dessus de zéro ! — fit observer le
monsieur au profil de casse-noisette.

Le garçon d'honneur (car évidemment le
jeune homme assis sur le siége remplissait
dans la fête cet emploi essentiellement hono-

rifique), le garçon d'honneur s'était élancé d'un seul bond de sa place, et il battait un entrechat sous le vestibule du restaurant.

Au pied de l'escalier communiquant avec les étages supérieurs, le maître de l'établissement, costumé exactement comme un marié, mais tenant sous le bras la serviette de rigueur, s'apprêtait à saluer l'arrivée de la noce.

Deux garçons étaient debout derrière lui, dans la contenance d'aides de camp attendant les ordres de leur général, alors que le feu va s'engager.

— Venez, madame la mariée, venez ! — criait le garçon d'honneur qui venait d'ou-

vrir la portière et qui présentait sa main à
la jeune femme.

Mais, au lieu des doigts fins et mignons de
la mariée, ce furent ceux plus rudes et plus
épais du vieux monsieur qui se posèrent dans
la main du cavalier servant.

Le personnage, qui paraissait se mouvoir
à peu près comme un automate articulé,
descendit lentement, tout d'une pièce, se
retourna ensuite exactement comme s'il eût
été monté sur un ressort et levant le bras à
son tour :

— Descends, ma fille ! — prononça-t-il
d'une voix sèche et criarde, comme le grin-
cement d'une crécelle.

La jeune femme se leva, retroussa gracieusement sa jupe, avança un charmant petit pied chaussé d'un fin bas de fil d'Écosse et d'un joli soulier de satin blanc, et s'élança, légère comme un oiseau, jusque sur la première marche du vestibule.

— La jolie petite mariée! — murmurèrent les curieux amassés autour de la voiture.

Pendant ce temps, la dame au bosquet, se cramponnant des deux mains aux montants de la portière ouverte, se hissait en avant; mais, se retournant vivement, au risque de cabosser sa coiffure, comme si elle eût oublié quelque chose sur la banquette :

— Anténor! — dit-elle d'une voix courroucée au jeune homme que le garçon

d'honneur avait appelé *monsieur le marié,*
— Anténor! tâchez donc de vous remuer
un peu. Vous avez l'air d'un grand *mort
dans le dos!* Votre femme vous prendra en
grippe!

— Dame! maman... — balbutia le jeune
homme à la tête en parallélogramme allongé,
et dont le visage était devenu d'un rouge vif
à lutter avantageusement avec celui de madame sa mère.

— Hon! — reprit la vieille dame. — J'a-
vais bien dit à votre père que vous ne seriez
jamais qu'une bête!

Et, haussant les épaules, la mère du marié opéra sa sortie du carrosse.

Le marié descendit à son tour, tout pe-
naud et tout contrit.

Sa mère lui prit le bras : le couple formait le contraste le plus bizarre et le plus
comique.

La dame au bosquet était tout en tête,
grâce à sa gigantesque coiffure.

Un petit châle fond rouge, qui avait pu
avoir un certain succès comme produit na-
tional sous le premier empire, couvrait ses
maigres épaules, et, bien qu'il fût très-
court, traînait jusque sur le trottoir, tant la
taille de la chère dame était exiguë.

Une robe de soie noire, écourtée, formait
la pièce principale du costume.

Ainsi affublée : cet immense chapeau sur ce petit corps, on eût dit un ballon monté sur un fourreau de parapluie.

Nous avons esquissé la tête pointue des deux bouts du marié : son corps était en rapport direct avec la conformation de son chef.

Tout était long et pointu dans le pauvre garçon. Depuis ses bottes, dont l'extrémité eût pu servir à enfiler des feuilles sèches, comme celles des *Incroyables* du Directoire, jusqu'à son cou qui ressemblait à celui d'une autruche.

Sa taille, bien au-dessus de la moyenne, lui donnait l'aspect (tant sa maigreur était grande) d'un long manche à balai.

Comme tous les hommes trop grands, Anténor était gêné dans ses mouvements : il
avait l'air d'avoir peur de se casser.

Son costume noir, son habit à *queue de
morue*, augmentaient encore l'apparence de
sa maigreur et celle de l'élévation de sa
taille.

Ses coudes pointus semblaient, quand il
fermait les bras, sur le point de percer la
manche de drap qui dessinait la saillie de
l'os.

Quand il rendit au maître restaurateur le
salut cérémonieux que celui-ci lui adressa
au passage, il eut l'air d'un clown s'essayant
à ses exercices.

— Oh! la drôle de binette! — fit un gamin qui regardait la noce.

La mariée gravissait les marches de l'escalier du restaurant, appuyée sur le bras de son père.

Sa taille svelte, fine, cambrée, bien assise sur les hanches, se dessinait dans son corsage de mousseline blanche, et ses épaules fermes et rondes teintaient de leur ton rosé la légère étoffe qui les recouvrait sans les cacher.

Les autres voitures s'étaient arrêtées, et les invités en étaient descendus, s'engouffrant tous, les uns après les autres, sous la voûte du vestibule.

Tout le monde parlait à la fois ; les cochers criaient, les enfants glapissaient (il y en avait une douzaine de tous les âges), les papas et les mamans se concertaient sur la générosité plus ou moins grande dont ils devaient faire preuve à propos des pourboires ; les garçons d'honneur faisaient les galants auprès des jeunes filles, et la foule des curieux riait au nez de la noce.

On sait que la rue d'Angoulême est coupée, presque à son commencement, par la rue des Fossés-du-Temple, laquelle, par sa rencontre avec la première, forme la place d'Angoulême, dont l'un des côtés, faisant face au boulevard, est occupé par la maison du restaurateur Chapard.

Cette rue des Fossés-du-Temple a cela de

particulier que, bordant les théâtres, elle fait presque partie des coulisses de chacun d'eux, car tous ont sur sa voie la porte d'entrée de leurs artistes.

Au moment où la voiture de tête du cortége, celle contenant la mariée, était arrivée à la hauteur du restaurant; un jeune homme, franchissant le seuil de l'une de ces portes d'un petit théâtre, avait tourné à droite, remontant la rue des Fossés dans la direction de la place d'Angoulême.

Ce jeune homme, qui pouvait avoir vingt-sept ou vingt-huit ans, était grand et élancé de taille, élégant de tournure et mis avec une certaine négligence attestant plutôt l'impossibilité que le désir de ne pas soigner davantage son costume.

Sa physionomie était fière, gracieuse, intelligente.

Ses cheveux bruns, sa moustache noire,
ses sourcils bien arqués tranchaient avec le
ton mat de sa peau.

Ses yeux noirs bien ouverts avaient ce regard franc et ferme qui séduit au premier
abord, parce qu'il indique ordinairement la
bonté et l'énergie.

La coupe de son visage était du plus pur
ovale, et l'ensemble de ses traits avait une
grande distinction.

C'était ce que l'on nomme un beau cavalier.

Cependant on devinait au premier coup

d'œil que cette nature d'élite devait plier sous le poids de quelque grande misère ou de quelque violent chagrin.

Peut-être l'un et l'autre.

Un voile sombre ternissait l'éclat de cette physionomie sympathique; une profonde tristesse était empreinte sur tous les traits ; une lugubre expression de désespoir plissait le front et faisait jaillir par instant, de ses prunelles étincelantes, un feu dont l'éclat était presque insoutenable.

Le jeune homme avait le bras gauche ployé sur la poitrine et paraissait comprimer dans la poche de son paletot un volumineux paquet, qui faisait gonfler l'étoffe.

Marchant au hasard, car son regard vague décelait qu'il n'avait aucune conscience de la route qu'il avait prise en sortant du théâtre, il atteignit la rue d'Angoulême.

Les curieux attroupés regardaient entrer la noce.

Le jeune homme s'approcha machinalement et fit comme les autres ; seulement, se tenant en arrière, il était absolument seul alors, au milieu de la place.

La jeune mariée et son père atteignaient les dernières marches de l'escalier aboutissant au premier étage.

De la façon dont cet escalier est disposé, de

même qu'on le voit de la place, de même, de
ses marches, on peut voir la rue d'Angoulême.

La jeune mariée se retournait alors. Son
regard, dominant les invités ,qui montaient
à sa suite, passa sur toutes ces têtes, embrassa
la masse des curieux et parcourut instincti-
vement la place d'Angoulême.

Tout à coup la jeune femme tressaillit
si brusquement qu'elle faillit tomber.

— Qu'as-tu donc? — lui demanda son
père en faisant un effort pour la retenir.

— Rien!... — balbutia la mariée, — mon
pied a tourné...

Elle était devenue subitement tremblante,

et son frais visage était plus pourpre encore que celui de sa belle-mère.

— Tu as eu peur? — reprit l'homme à la tête de casse-noisette.

— Oui..... oui..... — balbutia encore la jeune femme.

— Décidément, faut-il renvoyer les voitures? — cria le jeune garçon d'honneur demeuré avec ses collègues sur le trottoir du restaurant.

— Non ! non ! — dit vivement la mariée. — Je veux sortir, je veux prendre l'air... nous irons au bois de Boulogne.

Et, par un mouvement brusque, elle entraîna son père dans le salon dont la porte était entr'ouverte en face d'elle.

Le jeune homme, dont nous avons parlé plus haut, était toujours sur le milieu de la place.

Il demeurait immobile comme s'il eût été changé subitement en statue.

— Gare donc ! — lui cria le cocher d'une voiture de place, qui, descendant au grand trot la rue, arrivait droit sur lui.

Le jeune homme n'entendit pas, sans doute, car il ne bougea pas.

Un même cri de terreur partit de toutes les bouches.....

Le cheval atteignait entre les épaules le curieux, dont les pieds paraissaient rivés sur le pavé.

III

Le blessé.

La voiture, entraînée au grand trot du cheval dont la vitesse était doublée encore par la pente assez prononcée de la rue, la voiture était lancée de façon à ne pouvoir s'arrêter.

Le cocher, rassemblant ses rênes, tira

violemment sur le mors du cheval, mais la pauvre bête, poussée par sa propre force d'impulsion et par celle du véhicule qu'elle traînait, ne put obéir à la pression des guides.

Le jeune homme qui n'avait rien vu, rien entendu, était seul au milieu de la place.

Le cri de frayeur, que la vue du danger qui le menaçait arracha de toutes les poitrines, parut cependant le réveiller subitement de l'espèce de torpeur inexplicable dans laquelle il était plongé.

Il se retourna... mais il n'était plus temps.

La tête du cheval le frappait entre les

deux épaules et il roulait sur le pavé, précisément sous la roue du fiacre.

Les spectateurs demeurèrent un instant glacés d'épouvante.

On crut le malheureux broyé sous la voiture.

Le cocher, par un héroïque effort, était parvenu à arrêter net son cheval.

L'animal, ployant sur ses jarrets de l'arrière-main, glissa et s'abattit de côté, opposant son corps, comme obstacle, à l'une des roues de devant.

Le jeune homme était étendu devant l'autre roue qui lui effleurait la poitrine.

Si le cheval eût fait un pas de plus, la voiture lui eût passé sur le corps.

Un même soupir de soulagement s'exhala de toutes les poitrines oppressées, et la foule, se précipitant au secours de la victime de l'accident, entoura aussitôt la voiture de ses flots serrés et empressés.

En un clin-d'œil, le jeune homme fut dégagé, enlevé et remis sur ses jambes.

— Etes-vous blessé?

— Où avez-vous mal ?

— Souffrez-vous ?

Le jeune homme ne paraissait pas entendre toutes ces questions charitables, murmurées à ses oreilles.

Son visage était d'une pâleur extrême, ses yeux étaient rouges et injectés de sang : il ne semblait plus avoir conscience de sa situation.

Sans doute il n'avait aucune fracture, car il se tenait debout et remuait, avec une agitation fébrile, ses mains maigres et décharnées.

Cependant il devait être blessé, car son paletot, déchiré à la manche, laissait voir la chemise, et cette chemise était tachetée de sang.

Une multitude de feuilles de papier, couvertes d'écriture, jonchait la place où était tombé le jeune homme, et les gamins accourus ramassaient avec empressement ces papiers maculés par la boue ou déchirés par les fers du cheval, qui se débattait entre les brancards.

Le jeune homme était toujours dans le même état, il paraissait ne rien voir de ce qui se passait autour de lui, ne rien entendre de ce que l'on disait à ses oreilles.

Ses yeux fixes s'étaient reportés sur la porte d'entrée du restaurant, et ne s'en détachaient pas.

La fenêtre du premier étage était ouverte ; cette fenêtre était une de celles éclairant le salon dans lequel la noce venait de faire son entrée.

Sans doute, pendant que l'accident que nous venons de rapporter s'accomplissait sur la place, quelqu'événement inattendu avait lieu dans le salon, car l'agitation la plus vive paraissait y régner.

On voyait les hommes aller et venir, les femmes gesticuler et faire de grands bras..:

Tout à coup, par la porte du restaurant, s'élança, comme un boulet chassé par une puissante charge de poudre, le jeune garçon d'honneur que nous avons vu arriver sur le siége du carrosse des mariés.

Franchissant le trottoir comme une flèche, il se dirigea vers le boulevard.

— Un pharmacien? où y a-t-il un pharmacien par ici? — demanda-t-il en passant

devant le groupe assemblé autour de la voiture de place.

— A droite sur le boulevard ! — lui
cria-t-on.

— Qu'y a-t-il ? — demanda une voix.

— La mariée qui vient de se trouver mal
et qui a une attaque de nerfs ! — répondit
le garçon d'honneur en reprenant sa course
furieuse dans la direction indiquée.

A peine fit-on attention à ces paroles, tant
chacun était préoccupé du jeune homme
qui avait failli être écrasé et qui n'avait pas
prononcé encore un seul mot.

Le cocher du fiacre, qui était enfin parvenu à remettre sa bête sur ses quatre pieds,

s'approcha du jeune homme auquel les gamins remettaient alors les papiers qu'ils
avaient ramassés dans la boue.

Le jeune homme prit ses papiers machinalement et les replaça dans la poche de côté
de son paletot.

— Eh bien ! — dit le cocher, — nous
avons eu plus de peur que de mal, il paraît.
Aussi, s'il vient un sergent de ville, jeune
homme, vous pourrez lui dire qu'il n'y a pas
eu de ma faute.

— Oui ! oui ! — dirent plusieurs des
assistants.

Le jeune homme ne répondit pas ; il n'a-
vait pas l'air d'avoir compris.

Ses yeux étaient toujours fixés sur la maison du restaurant, et ses regards semblaient dévorer l'espace vide que laissait la fenêtre ouverte du grand salon.

En ce moment plusieurs personnes s'approchèrent de cette fenêtre ; ces personnes marchaient en un seul groupe comme si elles eussent été occupées à porter un même fardeau, qu'elles cachaient en l'entourant.

Arrivé près de la fenêtre ouverte, le groupe s'arrêta, s'ouvrit, et on put voir, étendue sur une chaise, une jeune femme évanouie.

Cette jeune femme était la mariée.

Le jeune homme tressaillit violemment ; ses joues pâles et blêmes devinrent subitement d'un rouge violacé comme si le sang eût envahi toute la tête : puis, par l'effet d'une réaction soudaine, le visage perdit ses couleurs et reprit la teinte blafarde qui semblait lui être naturelle.

Cependant la commotion que venait de recevoir son cerveau lui rendit l'usage de ses sens, dont il paraissait privé depuis l'instant qui avait précédé sa chute sous les roues de la voiture.

Il regarda ceux qui l'entouraient et, comme si la conscience de sa situation lui fût tout à coup revenue :

— Merci, mes amis, — dit-il d'une voix douce, — je n'ai rien... absolument rien.

— Cependant, — fit l'un des assistants en s'approchant et en désignant la manche déchirée du paletot, — cependant, vous êtes blessé, monsieur ! votre sang coule.

Le jeune homme porta les yeux sur le point désigné de sa personne.

Le sang, sans couler avec abondance, avait rougi néanmoins la manche de la chemise qui apparaissait par la déchirure du paletot.

Mais ce ne fut point la vue du sang, dénotant une blessure reçue au bras, qui parut attirer la vive attention du jeune homme.

Ses yeux étaient fixés sur la déchirure de

la manche et demeuraient rivés douloureu-
sement sur le drap pendant déchiqueté.

Puis il inspecta rapidement et scrupuleu-
sement les autres parties de son vêtement.

La boue maculait le paletot et le pantalon,
mais aucune autre solution de continuité que
celle pratiquée dans la manche ne se remar-
quait dans le reste du costume.

Un homme, vêtu en ouvrier, et qui se tenait devant le jeune homme, avait à la main
le chapeau de celui-ci.

Ce chapeau était cabossé, crotté, mais le
feutre n'avait pas la moindre fracture.

Les yeux du jeune homme revinrent sur

la manche : cette manche était celle de gauche.

De sa main droite, il releva l'étoffe pendante et essaya de l'appliquer sur la place qu'elle occupait primitivement.

Malheureusement la déchirure — résultant du frottement du corps sur le pavé et du frôlement de la roue, alors que le jeune homme avait échappé à la mort par un miracle, — malheureusement la déchirure, disons-nous, était pratiquée avec un tel luxe de détails, qu'il était impossible de trouver les points de repaire entre les deux morceaux séparés de l'étoffe.

Une expression de tristesse infinie, pres-

que de désolation profonde, était empreinte
sur les traits du jeune homme.

— Cela ne pourra être raccommodé ! —
dit-il simplement.

Mais il y avait dans ce peu de mots, dans
cette phrase banale, un tel sentiment de
chagrin, de douloureuse surprise, que l'on
devinait, cachée sous les paroles, toute la ré-
vélation de l'une de ces honnêtes et pénibles
misères que l'on ne connaît seulement que
dans les pays civilisés.

C'était toute une élégie poignante, que
renfermait cette phrase échappée à la vue
d'un irréparable désastre.

Pour qu'à l'époque où nous vivons et où,

grâce à la *confection*, les vêtements sont devenus à la portée de toutes les bourses, un homme jeune et bien portant se sente dans l'impossibilité absolue de remplacer un habit, il faut que la misère ait atteint à ses dernières limites.

Il faut que la faim elle-même, cette terrible faim aux tortures insupportables, se dresse menaçante sur le seuil d'une chambre démeublée.

Eh bien ! il y avait dans l'expression de la physionomie du jeune homme, qui n'avait pu retenir un cri de désespoir, un tel reflet des pensées qui lui torturaient l'esprit, que chacun des assistants sentit son cœur se serrer dans sa poitrine et qu'une touchante commisération se peignit sur tous les visages.

Plusieurs mains se levèrent instinctive-
ment et charitablement à la hauteur de la
poche de leurs propriétaires, mais en dépit
de la souffrance morale qui se lisait sur les
traits du jeune homme, en dépit de la misère
affreuse que chacun avait devinée dans les
paroles échappées à sa douleur, il y avait
dans toute sa personne une telle expression
de fierté et de dignité, que tous les bras re-
tombèrent et que pas une aumône n'osa se
tendre vers lui.

Le jeune homme prit son chapeau en re-
merciant l'ouvrier qui le lui tendait, le mit
sur sa tête et fit un mouvement comme pour
se glisser hors du groupe des curieux qui
l'entouraient, mais un homme, se mettant

devant lui, s'opposa doucement à son passage.

Cet homme, c'était le cocher du fiacre qui avait failli faire le malheur et qui, par cela aussi, était la cause involontaire de l'accident paraissant avoir si vivement impressionné le jeune homme.

Le cocher, qui avait paru apporter la plus grande sollicitude à l'état de celui qu'il avait pu craindre un instant d'avoir écrasé, le cocher avait entendu, comme tous les autres, la phrase prononcée à propos de la déchirure : comme tous les autres il avait deviné toute la douleur poignante que renfermait cette phrase, mais plus que tous les autres il avait paru affecté et contrit.

Aussi, au moment où le jeune homme avait voulu se soustraire à l'intérêt général, il s'était vivement porté en avant :

— Mon bourgeois, — fit-il d'une voix caressante, — vous n'avez pas grand mal, mais un monsieur comme vous ne peut pas s'en aller dans les rues tout crotté et tout déchiré... Prenez ma voiture !

— Merci, mon ami,—dit le jeune homme avec un sourire doux et triste.

— Bah ! montez donc ! —insista le cocher en ouvrant sa portière.

Le jeune homme fit un second signe négatif.

— Montez donc ! montez donc ! — conti-

nua le cocher, en se méprenant sur l'intention de celui auquel il s'adressait. — Coco
est remis sur ses pattes et il vous conduira
rondement.

— Merci! merci!... je vais à pied... —dit
le jeune homme.

— Mais non! prenez ma boîte!

Et le cocher ajouta à voix basse :

— Vous ne payerez pas la course : je vous
conduirai gratis!

Le jeune homme se redressa et son visage
pâle s'empourpra subitement.

Un éclair de dignité froissée brilla dans
son regard.

— Si vous me refusez, je croirai que vous
m'en voulez ! — se hâta d'ajouter le brave
homme.

Et poussant vivement le jeune homme
vers la portière ouverte :

— Montez ! montez ! — dit-il encore, en
affectant une terreur subite. — Voilà un sergent de ville, vous me feriez pincer !

— Montez donc ! montez donc ! — ajoutèrent quelques personnes qui avaient deviné l'intention charitable du brave automédon.

Le jeune homme, pressé, poussé, hissé,
obéit presque malgré lui et se trouva installé
dans le fiacre.

Le cocher, comme s'il eût eu peur que son voyageur lui échappât, referma rapidement la portière, s'élança d'un bond sur son siége et, ramassant ses guides, il fouetta énergiquement son cheval qui partit en tournant l'angle gauche de la rue d'Angoulême et en s'engageant dans la rue des Fossés-du-Temple.

Se penchant alors sur son siége et faisant glisser avec le manche de son fouet la glace placée derrière lui, le cocher se tourna vers l'intérieur de la voiture :

— Où allons-nous ? — demanda-t-il.

Le jeune homme parut réfléchir ; mais après un instant de silence :

— Rue Neuve-des-Mathurins, 12 ! — dit-il.

— Roulez ! — fit le cocher en tapant sa bête.

Le jeune homme avait les traits crispés et les sourcils rapprochés :

— Chez Charles ! — murmura-t-il, — oui !... Il me reconnaîtra peut-être, lui... Allons ! il faut descendre marche à marche tous les degrés de la honte et de la résignation !...

Puis, laissant retomber sa tête dans ses mains et étreignant son front de ses doigts crispés :

— Mariée!... — ajouta-t-il, —mariée!... Oh! elle ne m'aimait donc pas!... Elle ne m'a donc jamais aimé...

Eh! pourquoi m'aurait-elle aimé, après tout? — reprit-il avec un sourire ironique, tandis que deux larmes roulaient sur ses joues amaigries. — Que suis-je?... Rien!... sais-je seulement comment je mangerai demain!...

Le jeune homme secoua la tête. Il voulut sourire encore, mais un sanglot lui monta à la gorge et un soupir rauque s'échappa de sa poitrine.

IV

L'évanouissement.

Tandis que la voiture emportait, dans la direction du boulevard de la Madeleine, celui qu'elle avait failli écraser quelques instants auparavant, un incident, qui ne faisait certes pas partie du programme rêvé par les invités de la noce, avait lieu dans les salons de Chapard.

Ainsi que l'avait dit le jeune garçon d'honneur, la mariée s'était subitement évanouie.

Cet évanouissement avait eu lieu dès son entrée dans le salon, quelques secondes après le mouvement involontaire que la jeune femme avait fait en se retournant vers la place d'Angoulême et à l'instant précis où le fiacre atteignait le jeune homme et le renversait sur le pavé.

La foule des curieux avait, on se le rappelle, fait entendre un cri de terreur.

Était-ce ce cri, qui était parvenu jusque dans le salon, qui avait ému la mariée? Était-ce toute autre cause inconnue des assistants?

Ce qu'il y a de certain, c'est que ce n'avait pas été l'accident survenu sur la place d'Angoulême qui avait causé cette pamoison subite, car la mariée n'en avait pas eu connaissance.

Elle n'avait pu voir l'accident, ni même le comprendre ou le deviner.

Elle avait seulement entendu le cri, et, tout aussitôt, elle était tombée sans connaissance dans les bras de son père.

Celui-ci, surpris par cet événement, s'était hâté de déposer sa fille sur une chaise, et toute la noce était accourue avec inquiétude auprès de la jeune femme, qui ne donnait plus aucun signe d'existence.

— De l'éther !

— Du vinaigre !

— De l'eau fraîche !

Chacun avait crié à la fois, appelant, courant, s'empressant, se bousculant.

Le jeune garçon d'honneur qui, aux cris des personnes entourant la mariée évanouie, s'était élancé vers une table placée dans une salle voisine, était revenu avec une carafe pleine d'eau, menaçant la jeune femme d'une aspersion générale.

— Vous allez gâter sa robe, Jules, — dit vivement la mère du marié en s'opposant à l'action du garçon d'honneur. — Allez plutôt chercher du vinaigre !

— Du vinaigre ! du vinaigre ! — cria le
jeune homme en bondissant dans l'escalier.

Mais comme on ne lui répondait pas assez
vite, il s'était précipité au dehors, en demandant, ainsi que nous l'avons vu faire, un
pharmacien à tous les échos d'alentour.

Pendant ce temps, on avait approché la
mariée de la fenêtre.

Nous savons ce qui se passait alors sur la
place.

La jeune femme, privée de sentiment, ne
pouvait rien voir, et, malgré les soins empressés que l'on lui prodiguait, elle ne revenait pas à elle.

Ce ne fut que quelques instants après que

le fiacre se fut éloigné qu'elle reprit connaissance.

Sa tête se redressa lentement, ses joues
pâles reprirent leur frais coloris, ses pau-
pières se relevèrent.

D'abord ses regards vagues parcoururent
ceux qui l'entouraient, puis ces regards
s'animèrent et se dirigèrent aussitôt vers la
place.

Le fiacre était parti, les curieux attroupés
avaient d'abord suivi des yeux la voiture,
puis ils s'étaient dispersés.

La place avait repris son aspect accou-
tumé, et rien ne décelait l'événement qui venait de s'y accomplir.

La jeune femme demeurait immobile, sans prononcer une parole.

Ses yeux ne quittaient pas le pavé de la place et le parcouraient dans tous les sens avec une sorte de vague inquiétude.

Enfin, passant les deux mains sur son front, elle poussa un profond soupir.

— Oh ! — dit-elle, — quel horrible cauchemar !...

Puis elle ajouta à voix basse :

— Heureusement que tout cela n'était qu'un rêve !

Le marié, debout et immobile dans un

coin, n'avait pas bougé depuis que sa femme était tombée en syncope.

Il paraissait foudroyé, médusé, incapable de se mouvoir.

Il était resté là, ses petits yeux fixes, sa grande bouche béante, les bras raidis, les doigts des mains écartés, campé sur ses jambes comme sur deux piquets, et n'osant faire aucun mouvement.

Sa mère, la respectable dame au bouquet, s'était donnée, elle, un mal inimaginable, tant pour prodiguer des soins à sa bru que pour empêcher qu'avec le vinaigre dont on frottait les tempes de la belle évanouie et l'eau avec laquelle on lui bassinait le creux

des mains, on ne lachât sa toilette de la plus
pure blancheur.

Quand la mariée avait fait un premier
mouvement, attestant qu'elle reprenait ses
sens, la vieille dame au bouquet avait poussé
un soupir de soulagement.

S'emparant vivement des carafes d'eau et
des flacons de vinaigre, qui paraissaient l'a-
giter de la crainte la plus vive, elle avait fait
disparaître les récipients, petits et grands,
avec une prestesse et une agilité d'escamo-
teur.

— Là ! — fit-elle.

Et comme la jeune femme levait les mains :

— Prenez garde, ma bru ! — ajouta vivement la respectable belle-mère, — vos mains sont humides ! vous allez tacher votre jupe !

A l'aide de son mouchoir elle avait essuyé les mains de sa bru ; puis elle avait passé le tissu léger sur le front encore imbibé de vinaigre.

La jeune femme regardait alors autour d'elle, et ses yeux s'abaissèrent machinalement sur sa robe.

— Soyez tranquille ! — dit avec empressement la vieille dame, — votre robe n'a rien eu ! J'y ai veillé !

— Te sens-tu mieux, ma fille? —demanda une voix aigre et criarde.

— Oui, mon père! ce n'est rien! — répondit la mariée en se retournant vers le monsieur à la figure en casse-noisette.

La jeune femme se leva et fit quelques pas dans le salon.

— Le marié? le marié? — cria le jeune garçon d'honneur, qui arrivait avec toute une pharmacie portative dans ses poches. — Où donc est le marié?

— Mon fils! — dit la vieille dame en regardant autour d'elle.

Puis apercevant l'objet de ses recherches disparaissant à demi sous les plis d'un rideau et toujours immobile à la même place et dans la même position,

I.

— Ah! — fit-elle, — le pauvre agneau est si sensible et il aime tant sa petite Adolphine, qu'il est capable de se trouver mal à son tour.

Et courant au jeune homme qu'elle saisit par le bras :

— Remuez-vous donc ! — dit-elle rudement et à voix basse. — Qu'est-ce que vous avez ?

— Dame ! maman, — balbutia le marié, — j'ai eu peur !

— Peur de quoi ?

— Je ne sais pas.

— Et c'est comme cela que vous soignez votre femme !

— Dame ! maman...

— Eh bien, quoi ?

— Je ne savais que faire !

La vieille dame se cramponna au bras de son fils, qu'elle pinça vigoureusement.

— Oie !... murmura-t-elle avec rage.

Puis traînant le marié vers sa femme :

— Ce pauvre enfant, — dit-elle d'une voix mignarde, — cela lui a fait un tel effet, lui a causé un tel saisissement de vous voir souffrante qu'il en est tout à l'envers.

Et poussant son fils en avant :

— Mais vous êtes donc noué, Anténor !— murmura-t-elle à voix basse et du ton le plus courroucé.

Le marié s'approcha de sa femme-

— Dites donc, monsieur Buchené, — fit une petite courte, grosse, grasse, rouge et fraîche commère de trente-sept à trente-huit ans, pincée, serrée, sanglée dans une robe de taffetas vert pomme, dont l'étoffe menaçait de craquer au corsage. — Dites donc, monsieur Buchené, puisque votre fille est remise à cette heure, si nous allions faire un tour au bois de Boulogne, cela achèverait de la guérir?

— Volontiers! — répondit le père de la mariée. — Qu'en pensez-vous, madame Marescot?

C'était à la mère du marié que M. Buchené s'adressait.

La dame au bouquet balança un moment dans les airs la jardinière qui se dressait sur sa tête, avec un sentiment d'hésitation manifeste.

— Au fait! — dit-elle enfin, — si nous ne sortons pas, les voitures ne feront rien et nous ne les en payerons pas moins, puisque nous les avons prises à la journée... ce qui a été même une bêtise, mais enfin, puisqu'elle est faite!

— Allons au bois cueillir les marguerites !
— reprit la petite courte, grosse, grasse et
rouge dame en faisant mine de s'élancer sur
ses pointes.

— Auparavant, — fit observer une autre
dame, sèche et maigre personne ressemblant
assez à un squelette du musée d'ostéologie,
habillé et amené pour la circonstance, — auparavant si nous prenions un bouillon. J'ai
l'estomac qui me tire, moi !

— Prenons-en quelques-uns ! — répondit
galamment M. Buchené.

— Oh ! prenez-les tous ! — ajouta madame Marescot,—ils n'en seraient pas moins
mis sur la carte !

— Et ensuite, — reprit la dame amie de la promenade, — nous irons au bois!...

Et saisissant par le bras le jeune garçon d'honneur qu'elle entraîna en ayant l'air de l'emporter plutôt que de s'appuyer sur lui, elle s'avança en faisant des pas de polka et en chantant d'une voix encore fraîche :

> Oh! qu'il fait donc bon! qu'il fait donc bon
> Cueillir la fraise au bois de Bagneux
>   Quand on est deux !

Le marié, que sa mère avait laissé près de sa femme, n'avait pas quitté celle-ci, mais il ne lui avait pas adressé un seul mot.

Ses yeux ronds roulaient dans leurs orbites, comme ceux de ces poupées mécaniques qui font la joie des enfants.

Le malheureux paraissait être excessivement embarrassé de sa propre personne.

La jeune femme, elle, ne regardait même pas son mari.

Son front pur était devenu rêveur; ses beaux yeux étaient baissés vers le parquet et elle paraissait concentrer toute son attention sur un bouchon de liége, gisant devant elle, et qu'elle faisait rouler sous la pression de son petit soulier de satin blanc.

— C'était lui cependant! — murmura-t-elle. — Oh! c'était lui!

V

L'enfant prodigue.

— Rue Neuve-des-Mathurins, numéro 12
avait dit le jeune homme qui avait failli
être écrasé sur la place d'Angoulême, au
cocher charitable qui avait absolument voulu reconduire à domicile notre malheureux
inconnu.

La maison indiquée était, et est encore l'une des plus belles de cette voie du quartier aristocratique avoisinant la Madeleine.

En 1855, le troisième étage sur la rue de cette maison passait à bon droit, aux yeux du concierge, pour posséder l'appartement le plus richement et le plus luxueusement meublé de la maison.

Cet appartement était habité alors par un jeune homme de trente-trois ans environ, nommé M. Charles de Rueil.

Charles était l'unique représentant d'une vieille et excellente famille de magistrature dont toute la lignée mâle avait successivement, et depuis des siècles, quitté la vie le livre des lois à la main.

Charles, à vingt ans, avait perdu son père.

Il faisait alors son droit, un peu bon gré mal gré, il est vrai, mais enfin il le faisait.

L'heure de sa majorité le mit en possession d'une partie de son patrimoine, et, comme presque tous les jeunes gens dont la carrière est à peine tracée, alors qu'ils perdent leur père, ce précieux tuteur dont la main est si essentiellement utile au début de toute existence, Charles demeura irrésolu sur ce qu'il devait faire pour se créer un avenir.

Il était fils unique : il avait dix mille livres

de rente à lui, et sa mère en possédait au moins le double.

Charles avait été fort tenu par son père, magistrat intelligent et intègre, mais caractère de fer et homme de mœurs extrêmement rigides.

Les plaisirs de la jeunesse, Charles les connaissait à peine de nom, et il s'était vu condamné à ronger son frein, alors qu'il avait envie de courir, tout en faisant un whist sérieux que l'on proclamait être pour lui une distraction suffisante et sans autre égale.

Sa mère l'aimait beaucoup, mais sa santé d'une délicatesse infinie, son humeur douce,

sa bonté sans énergie ne lui donnaient aucun ascendant sérieux sur son enfant.

Charles adorait madame de Rueil ; il se
montrait pour elle le plus attentif des fils :
il la comblait de soins et d'attentions, mais
elle ne lui inspirait aucune crainte.

Les autres membres de sa famille étaient
tous trop âgés ou trop égoïstes pour pouvoir,
ou vouloir entreprendre la tâche difficile
de veiller sur un jeune homme sans expérience.

Seul, parmi les siens, et entouré par ce
cortége d'amis et de complaisants, qui ne
fait jamais défaut à l'âge qu'avait Charles
et dans la brillante position où il se trouvait,
le fils du magistrat, une fois le temps de son

deuil passé, se laissa entraîner peu à peu
dans ces voies inconnues aux détours at-
trayants, qui toutes ont pour but apparent
la joie et le plaisir et qui n'aboutissent, en
réalité, qu'au bruit et à la déception.

Bref, Charles laissa là l'École de Droit
sous prétexte qu'il était assez riche pour ne
rien faire, et, à vingt-cinq ans, il avait cro-
qué, capital et intérêt, tout ce que lui avait
laissé son père.

De plus, il avait une cinquantaine de
mille francs de dettes, et une foule impi-
toyable de créanciers aboyant après ses
chausses.

Dans cette situation critique, il fallait prendre un grand parti.

Charles était bon, facile, obligeant, aimant et crédule, autant de qualités qui coulent aussi facilement un homme que les vices les plus pernicieux, mais qui, cependant, lui permettent de se relever un jour.

Il était doué surtout d'une extrême franchise, et avait conservé pour sa mère, au milieu de ses folies de toutes sortes, de ses entraînements de toutes espèces, le culte le plus profond, et l'amour le plus vrai.

La pauvre dame ignorait la conduite plus que légère de son enfant.

Vivant seule, ou à peu près, depuis la mort de son mari, voyant un monde que ne fréquentait pas son fils, elle n'avait aucun indice sur l'existence que menait celui-ci.

Charles, pour ne pas inquiéter sa mère, lui cachait soigneusement sa situation descendante, et répondait aux questions de madame de Rueil, sur le travail auquel il se livrait, par des caresses qui avaient toujours le don de fermer la bouche à la vieille dame.

Mais quand il se vit ruiné, quand il comprit que ses créanciers allaient le pousser à bout, il se résolut à avoir recours à la bonté maternelle, ce refuge assuré de tous les fils prodigues.

— Mère, — lui dit-il, un matin que l'enfant gâté et repentant déjà, venait de cajoler plus encore que de coutume la veuve du magistrat, — mère, j'ai une confession à te faire...

— Laquelle ? — demanda la vieille dame en souriant, car elle était loin de supposer la vérité, et elle s'attendait à l'aveu de quelque peccadille.

— La mienne ! — répondit Charles.

— Oh ! oh ! ce sera long.

— Non, mère, ce sera court.

— Faut-il te donner l'absolution d'avance ?

— Non ! tu pourrais t'en repentir après.

— Ah ! mon Dieu ! c'est donc grave ?

— Très-grave !

Madame de Rueil, rendue inquiète par le ton demi-tragique qu'avait pris son fils, se redressa vivement.

— Qu'est-ce que c'est ? — dit-elle. — Parle vite !

— Mère, — commença Charles dont l'embarras augmentait à mesure qu'approchait l'instant critique de l'aveu, — mère... tu sais, il y a cinq ans, à ma majorité... j'avais deux cent mille francs à moi...

— Sans doute, Charles... après ?

— Cela me faisait dix mille livres de rente...

— Oui.. après ? après ?

— Eh bien, mère, je me suis trompé dans mes calculs, et au lieu de dix mille francs par an j'en ai dépensé trente mille...

— Ah! mon Dieu ! — fit la vieille dame.

— De sorte que... aujourd'hui...

— Aujourd'hui ?

— Je n'ai plus rien !

— Plus rien ?

— Plus rien ! voilà le grand mot lâché !

— Ah ! mon Dieu ! mon Dieu ! — dit encore madame de Rueil bouleversée par cet aveu inattendu.

Charles adorait sa mère, nous le savons, et le chagrin qu'il lui faisait était pour lui le plus pénible et le plus poignant de tous les remords, mais la confession était commencée, il fallait aller jusqu'au bout.

Ne voulant pas donner à madame de Rueil le temps de s'appesantir sur ce commencement des désastres qu'il avait à lui révéler :

— Et ce n'est pas tout, — reprit-il, en venant s'agenouiller devant la vieille dame assise dans son fauteuil.

— Pas tout, — s'écria la mère ; — mais,

malheureux enfant, qu'est-ce qu'il peut donc y avoir encore ?

— Des dettes ! — balbutia Charles.

— Des dettes !

— Oui, mère !

— Énormes ?

— Énormes !

La vieille dame fit un mouvement comme pour repousser son fils, mais celui-ci avait les lèvres sur ses mains, et la pauvre mère ne put avoir la force de se soustraire à cette caresse.

— Combien ? — demanda-t-elle enfin,

— Cinquante mille francs ! — dit Charles.

La vieille dame cette fois leva les mains au ciel.

— Oh ! si ton pauvre père vivait ! — dit-elle.

— Si mon père vivait, — fit Charles en se relevant, — je n'aurais pas de dettes, car son expérience m'eût fait éviter les mauvais chemins, mais il a plû à Dieu de le rappeler à lui... mère, il faut me pardonner comme mon père me pardonnerait lui-même. D'ailleurs, tu le sais : *plaie d'argent n'est pas mortelle*... Et puis, je t'aime tant !... Aimerais-tu mieux que je fisse comme tant d'autres que je connais ? Que je n'attachasse de prix qu'à l'argent, que je n'eusse pas de

dettes et que je t'aimasse moins ? Non, va !
il vaut mieux que je me sois montré un peu
fou, prodigue, dissipé, mais que j'aie toujours bon cœur et que je t'aime comme la
meilleure des mères mérite d'être aimée...
Et puis, sois tranquille pour l'avenir ! Tu
vas bien me gronder, je t'écouterai de mes
deux oreilles, je deviendrai sage, je me cor-
rigerai et nous serons heureux tous les
deux.

Et l'enfant gâté parla un grand quart
d'heure sur ce ton, et il se montra si repentant, si affectueux, si tendre, si caressant,
et il était si beau ainsi à deux genoux (car il
avait repris sa place), avec ses grands yeux
humides et brillants, son geste tendre, sa
physionomie animée... que la vieille dame

ne put détourner la tête quand Charles avança son front pour recevoir le baiser de paix, et les lèvres de la mère murmurèrent un pardon en s'appuyant sur les cheveux du fils prodigue.

Bref, après une heure de causerie, madame de Rueil était assise devant sa table à ouvrage : elle avait devant elle une feuille de papier blanc et un encrier, et elle tenait une plume de sa main droite :

— Les noms de tous ces vilains hommes à qui tu dois de l'argent? — demanda-t-elle.

Charles dicta la longue liste et la mère indulgente plaça en regard de chaque nom la somme qu'elle s'engageait à payer.

— Maintenant, — dit-elle, après avoir ac-
compli ce travail, — que comptes-tu faire ?

— Partir ! — répondit Charles.

— Partir ? — répéta la vieille dame en
pâlissant, — oh ! je suis bien vieille, mon
enfant !

— D'abord, — reprit Charles, — tu te
vieillis à plaisir en ce moment, car tu n'as
que cinquante-cinq ans, ce qui n'est pas un
grand âge... Ensuite, il ne s'agit pas de partir pour ne revenir jamais : il s'agit d'un
simple voyage de deux ans au plus. Je veux
rompre avec tous les gens que je connais à
Paris ; je veux me dégager des liens d'une
société qui entraverait mes bonnes résolu-
tions, je veux me retremper enfin dans une

existence active, afin de me remettre au travail en revenant. Le ministère envoie une mission scientifique en Amérique, que mes oncles obtiennent pour moi, du ministre, une place dans cette mission, et, dans deux ans, tu me verras revenir aussi sage, aussi raisonnable, aussi calme que je suis fou et emporté aujourd'hui.

La proposition que faisait Charles était la meilleure qu'il pût faire, et elle indiquait un vrai désir de renoncer à sa vie de dissipation.

La vieille dame le comprit : elle sacrifia son propre bonheur (celui de voir son fils près d'elle) à l'intérêt de l'enfant prodigue : elle consentit à tout.

Charles partit : son absence se prolongea plus de trois années.

Quand il revint après avoir traversé une partie des contrées inconnues du continent américain, après avoir souffert, après avoir bravé mille dangers, après s'être trouvé en contact perpétuel avec la nécessité et les privations, Charles n'était plus le même homme.

Une transformation complète s'était opérée en lui.

Ses qualités morales s'étaient développées quand un champ plus vaste avait été ouvert devant son intelligence.

Charles revenait avec une grande expérience des choses et des hommes : il était désormais à l'abri de tous les dangers de la civilisation, et il était assez fort, assez puissant pour parcourir désormais, sans crainte d'obstacles invincibles, la route qu'il voudrait suivre.

Le jour du retour fut une grande joie pour la mère et pour l'enfant.

Mais en rentrant sous le toit maternel, Charles trouva madame de Rueil déjà attaquée par le germe de la maladie lente qui devait la conduire au tombeau.

Charles, alors que les médecins, pressés par lui, lui eurent fait leur terrible confidence, Charles se consacra, avec une abnégation absolue, aux soins que réclamait l'état de sa mère.

Durant dix-huit mois il ne la quitta pas, lui prodiguant ses veilles, rendant à la vieille femme mourante ce que la mère avait jadis donné à l'enfant qu'elle avait élevé, de tendresse, de dévouement et d'attachement.

Quand madame de Rueil mourut, Charles avait acquitté sa dette envers elle, si toutefois un fils peut jamais s'acquitter envers sa mère des soins qui ont entouré son enfance, ce qu'à vrai dire, nous ne croyons pas.

On est toujours, et quoiqu'on fasse, débiteur de sa mère.

Madame de Rueil avait fait des économies nombreuses et importantes depuis qu'elle avait perdu son mari, et, bien qu'elle eût payé les cinquante mille francs de dettes de Charles, elle laissait encore à celui-ci une fortune de trente mille livres de rente.

La mort de sa mère porta à Charles le coup le plus douloureux, et, bien qu'il fût depuis longtemps préparé à cette perte, il n'en sentit pas moins toute l'étendue avec une violence qui inquiéta ses meilleurs amis.

Charles était fils unique, il n'avait jamais eu ni frère ni sœur; il était garçon, il n'avait donc ni femme ni enfant : sa mère était le seul être auquel il fût attaché par les liens du sang, la seule personne qu'il aimât.

La mort de madame de Rueil le laissait donc sur la terre, sans affection autour de lui, sans rien qui le rattachât encore à la vie.

Pour distraire sa douleur, Charles reprit ses voyages et parcourut l'Italie et l'Espagne, puis il revint à Paris.

Il y avait près de deux ans qu'il avait perdu sa mère : le temps, opérant son œuvre, avait transformé la douleur violente en une douce mélancolie.

Charles mit ordre à ses affaires, établit sa

fortune et s'occupa de son installation à
Paris.

Il choisit un appartement rue Neuve-des-
Mathurins, le meubla avec luxe, car il adorait le *confort* intérieur.

Il acheta deux chevaux, un coupé et un
phaëton, monta sa maison et commença à
vivre comme vivent les hommes de son âge
et de son intelligence auxquels le hasard a
donné la fortune.

Charles s'occupa d'objets d'art, de cour-
ses, de collections, et se créa, dans son inoc-
cupation, une occupation véritable.

Entouré d'amis, il vivait largement, sans
cependant gaspiller ses revenus.

A l'heure où nous pénétrons dans son élégant appartement (car c'est chez Charles de Rueil que nous conduisons le lecteur) il y avait cinq ans qu'il était revenu d'Amérique, trois ans qu'il avait perdu sa mère, et, depuis une année, il était installé à Paris.

VI

Un déjeuner de garçons.

Ce jour-là était précisément l'anniversaire de la naissance de Charles, et il avait
voulu célébrer cet anniversaire en rassemblant, autour d'une table splendidement
servie, quelques-uns de ses anciens camarades de collége avec lesquels il était demeuré en relations.

Les convives de M. de Rueil s'étaient mis à table au moment même où, sur la place d'Angoulême, la noce, que nous connaissons, arrivait chez Chapard et quelques secondes à peine avant que n'eût lieu l'accident que nous avons décrit dans les précédents chapitres.

Ces convives étaient au nombre de six et étaient rassemblés dans une belle salle à manger toute garnie de boiseries incrustées de filets d'argent, et meublée de quatre buffets à étagères fermées dans lesquelles resplendissait toute une vieille argenterie de famille aux armes des Rueil.

Deux domestiques en livrée anglaise faisaient le service, et un maître d'hôtel placé

derrière une petite table d'office, sur laquelle
il découpait, veillait à tout avec une attention scrupuleuse.

— Dis donc, Charles, — fit un jeune
homme blond placé en face du maître de la
maison et que l'on avait annoncé, à son arrivée dans le salon, sous les noms de Gaston
Laubespin. — Dis donc, Charles, sais-tu
qu'en fêtant l'anniversaire de ta naissance,
nous fêtons presque le mien. Si tu as trente-
trois ans aujourd'hui, j'en aurai trente-trois
également dans cinq jours.

— Alors, messieurs, vous me devez le
respect, — dit en riant un autre convive,
— car j'en ai trente-quatre, moi, depuis six
semaines.

— Tu as trente-quatre ans, Lucien ? — demanda Charles.

— Oui, et sonnés encore !

— Au reste, nous sommes tous à un an au plus de distance, — reprit Gaston. — Henri de Ribes, Max Dorcy et Thévenot ont ou auront trente-trois ans cette année, n'est-ce pas ?

— Oui ! — répondirent les trois convives.

— Il est naturel que nous soyons du même âge, — dit Charles, — puisque nous étions tous ensemble au collége dans les mêmes classes.

— A propos du collége, — fit Lucien, —

je serais bien curieux de savoir ce que sont devenus tous nos anciens camarades. Il y aurait là une étude à faire entre les dispositions que l'on annonce dans l'enfance et ce que tient l'avenir. Par exemple, ce gros paresseux de Limousin, celui qui était toujours le dernier et le plus puni, savez-vous ce qu'il est devenu ?

— Il est banquier ! — dit Henri. — Il travaille comme un nègre et il est l'un de nos premiers financiers !

— Et ce poltron de Finot qui avait peur de son ombre ?

— Il est lieutenant-colonel et il a trois croix et autant de blessures.

— Et Bordier qui était toujours le premier en thème grec ?

— Il est maître d'études dans je ne sais quelle pension. Le malheureux se grise !

— Et Robert que nous trouvions si bête !...

— Il est homme de lettres et il a beaucoup d'esprit.

— A propos d'hommes de lettres, — reprit Lucien, — vous souvenez-vous d'un petit bonhomme bien maigre, bien chétif qui avait la manie de lire des romans dans son pupitre ?

— Qui donc ? — dit Gaston.

— Eh!... je ne me souviens plus de son nom...

— Ah! je sais de qui tu veux parler, — ajouta Charles, — c'est Lambert d'Arcourt!

— Précisément. Qu'est-ce qu'il est devenu, celui-là?

— Ma foi! je n'en sais rien! — dix Max Dorcy.

— Il était plus jeune que nous?

— Oui, de trois ou quatre ans, mais c'était un piocheur et il était très-avancé pour son âge.

— Il avait de la fortune, je crois, — reprit Lucien, — car je l'ai rencontré, il me semble (il y a bien une dizaine d'années, par exemple), et il avait voiture...

— Oui, — dit Charles.

— Est-ce que tu l'as revu, toi?

— Oui.

— Souvent?

— Non.... quelquefois nous nous sommes rencontrés.

— Qu'est-ce qu'il faisait?

— Rien de bon. Il faisait ce que nous avons tous commencé par faire ; il mangeait son argent, mais moins sage que nous ou plutôt moins riche, il n'a pas su s'arrêter à temps. Je crois qu'il a tout mangé.

— Alors, il doit être dans la misère?

— Je le crains pour lui.

— Il n'avait pas de famille, je crois?

— Non! il était orphelin déjà, alors que nous étions au collége.

— C'était un bon camarade, autant que je me souvienne?

— Ma foi oui! un excellent garçon que la fièvre de briller aura égaré.

— Il n'est pas le seul.

— Et sais-tu ce qu'il fait maintenant?

— Non ! — dit Charles. — Il y a plusieurs années que je l'ai perdu de vue !

— Il sera tombé dans la bohème !

— Pauvre garçon !

— Buvons à sa prospérité à venir, messieurs, — dit Lucien en levant son verre. — Cela lui portera peut-être bonheur !

— Buvons ! — dit Charles, — car Lambert d'Arcourt était un garçon intelligent qui aurait dû se faire sa place dans le monde comme tant d'autres.

— Il était brave et charitable, — ajouta Gaston, — car il prenait toujours la défense des petits contre les grands...

— Et bien des fois, — dit encore le maître du logis, — il m'a évité des retenues en
me faisant mes versions. Ce diable de latin!
j'ai toujours eu la plus grande peine à me le
fourrer dans la tête. Cela faisait même le
désespoir de mon pauvre père !

— A la santé de nos anciens camarades !
— dit Gaston en se levant.

— A leur réussite à tous ! — ajouta
Charles, — et à celle de Lambert d'Arcourt
en particulier, puisque son nom est venu,
je ne sais trop comment, se mêler à nos
souvenirs !

Tous les verres se choquèrent avec un cli-
quetis mélodieux.

Comme chacun reprenait place à table, un timide coup de sonnette retentit dans l'antichambre.

— Je n'y suis pas ! — dit vivement Charles à ses domestiques.

L'un d'eux quitta la salle à manger.

— Qui peut venir? — se demanda Charles.

— Une femme ! — cria Gaston, — si elle est jolie, tu la feras entrer.

— Un créancier! — ajouta Lucien en riant.

— Mes amis, — repartit Charles, — vous

êtes dans l'erreur, car, pour le présent, je
n'ai ni maîtresse ni créancier !

— Une existence incomplète ! — dit Max
avec un accent de commisération comique.

Le domestique qui venait de sortir rentrait en ce moment.

Il s'approcha de Charles et lui parla bas
à l'oreille.

— Puisque je vous avais dit que je ne
recevais pas ! — fit Charles avec impatience.

— Le monsieur a insisté, — répondit le
valet, — et, comme on entendait le bruit
venant de la salle, je ne pouvais dire que
monsieur était sorti.

— Enfin qu'est-ce que c'est que ce monsieur ?

— Je ne sais pas : il ne m'a pas dit son nom.

— Qu'est-ce qu'il veut ?

— Parler à monsieur !

Charles fit un mouvement de mauvaise humeur.

— Cela est étrange, — dit-il, — de ne pouvoir être tranquille chez soi quand on le veut !

— Qu'est-ce donc ? — demanda Lucien.

— Un visiteur qui insiste pour me voir,

bien qu'on lui dise que je ne puis recevoir en ce moment.

— Eh bien ! reçois-le et envoie-le toi-même au diable !

— Ma foi ! c'est ce que je vais faire ! — dit Charles en faisant mine de se lever.

Mais se remettant à sa place par suite d'une réflexion subite :

— Jean ! — dit-il au valet, — dites à ce monsieur de vous dire son nom !

Le valet sortit de nouveau.

— C'est quelque solliciteur ! — dit Max.

— Oh ! un solliciteur n'oserait pas insister ainsi ! — fit observer Thévenot.

— Tu crois? J'en connais dont on ne se débarrasse qu'en les jetant par les fenêtres.

Le valet rentrait pour la seconde fois dans la salle à manger.

Il s'approcha de Charles, qui tournait vers lui la tête, et lui remit une carte de visite.

Charles prit la carte et interrogea la suscription qu'elle portait.

Il fit un geste et une expression d'étonnement se peignit sur sa physionomie.

— Ah! par exemple! — dit-il, — voilà qui est bizarre!

— Quoi? — fit Lucien.

— Ce visiteur...

— Eh bien ?...

— Nous parlions tout à l'heure de nos anciens camarades de collége ?...

— Oui !... — firent les convives que l'étonnement manifesté par Charles intriguait visiblement.

— Nous venons de boire à la prospérité de Lambert d'Arcourt ?

— Oui, sans doute, — fit Lucien.

— Eh bien ? — demanda Gaston.

— Eh bien ! lisez cette carte !

Charles jeta la carte sur la table. Lucien s'en empara le premier :

— Lambert d'Arcourt ! — lut-il à haute voix.

— Il faut le faire entrer ! — dit Max.

— Oui ! oui ! qu'il déjeune avec nous ! — ajoutèrent les autres. — Y consens-tu, Charles ?

— Volontiers, messieurs !

— Alors, faites entrer !

Le domestique allait retourner dans l'antichambre, mais Charles l'arrêta du geste.

— Permettez ! — dit-il en s'adressant à ses convives.

Et se retournant vers le valet :

— Comment est vêtu ce monsieur? — demanda-t-il en baissant la voix.

Jean fit une moue dédaigneuse.

— Il n'a pas l'air heureux? — continua Charles.

— Oh! non, monsieur! Il est couvert de boue et il a une manche déchirée, — répondit le valet. — On dirait de quelqu'un qui vient de se battre.

— Messieurs, — reprit Charles en s'adressant à ses invités, — vous avez entendu. Notre ancien camarade est, je le crois, dans une profonde misère. Si cette misère est honnête et intéressante, nous devons la respecter, et la vue de ce déjeuner servi devant des gens riches et heureux pourrait humilier notre pauvre compagnon de classe. Dans ce cas je dois lui demander la permission de le ramener au milieu de nous avant de le faire. Peut-être au contraire (il faut tout prévoir), sa misère est-elle de celles que l'on n'avoue pas parce qu'elle provient du vice... Dans ce cas, je dois, moi, maître de maison, m'assurer du fait avant de vous mettre en présence d'un homme que vous rougiriez peut-être ensuite de rencontrer dans la rue. Donc, accordez-moi quelques minutes, je vous prie. Je vais recevoir Lambert et ensuite je viendrai vous rendre compte de sa visite ou je vous l'amènerai moi-même.

— Très-bien! approuvé! superbement raisonné! — s'écria-t-on.

Charles quitta tout à fait la table et ouvrit la porte du salon.

— Faites entrer dans mon cabinet! — dit-il au valet qui attendait.

Puis il disparut rapidement.

VII

Les souvenirs de jeunesse.

Le cabinet de travail de Charles dé Rueil,
qui ne travaillait jamais, était une charmante pièce simplement meublée, mais garnie à profusion de plantes rares et pré-
cieuses.

C'était une véritable serre dont un amateur d'horticulture eût donné un prix considérable.

Au milieu de la pièce était une corbeille de velours vert, offrant son siége moelleux et percée à son centre par un magnifique vase de vieille faïence de Strasbourg, dans lequel se dressait l'un de ces majestueux palmiers au feuillage élégant d'un vert sombre.

Des jardinières, des vases, des vieilles poteries garnissaient tous les pieds des bibliothèques et les *Begonias*, les *Dracenas*, les *Orchydées* tapissaient de leurs feuillages admirables, de leurs fleurs éclatantes les rayons dans lesquels se prélassaient tous les classiques anciens et tous nos meilleurs auteurs modernes.

La poésie de la nature donnait la main à la poésie des hommes.

Une pendule Louis XIII, flanquée de deux candélabres de la même époque et du plus haut style, écrasait de son poids énorme la tablette de velours vert de la cheminée.

Des statuettes, des bronzes d'art, des armes richement damasquinées se détachaient sur le fond sombre des panoplies accrochées aux murailles.

Un bureau bien coquet, bien rangé, bien propre, comme celui d'un homme qui écrit rarement, était dans un angle : le plus mal exposé à la lumière des fenêtres.

Des siéges nombreux erraient çà et là.

dans un désordre parfaitement ordonné.

Pour se rendre dans cette pièce charmante en quittant la salle à manger, Charles avait traversé un splendide salon blanc, or et groseille, dont le contraste avec les couleurs sombres de la salle à manger et du cabinet de travail, charmait l'œil et relevait encore la fastueuse richesse.

Comme Charles ouvrait la porte du salon donnant dans le cabinet de travail, une autre porte placée à l'extrémité de cette seconde pièce s'ouvrait en même temps et le visiteur annoncé s'avançait timidement au-devant du maître de la maison.

Ce visiteur, désigné sous le nom de Lambert d'Arcourt, était le malheureux jeune homme que nous avons vu déjà alors qu'il avait failli être écrasé sur la place d'Angoulême et que le cocher charitable avait conduit, presque de force, au domicile de M. de Rueil.

Lambert était dans l'état où nous l'avons laissé après l'accident qui avait failli lui être fatal.

La boue maculait outrageusement ses vêtements et la déchirure de sa manche n'était pas réparée.

Lambert était excessivement pâle, ses yeux étaient rouges et cernés, son front était plissé et le chapeau sali qu'il tenait à la main semblait encore ajouter à l'embarras de sa contenance.

En voyant son visiteur, dans cet état pi-
toyable, s'avancer timidement sur le tapis,
Charles fronça les sourcils et une expression
de hauteur et de dédain se refléta sur son
visage.

Non pas que Charles eût le cœur mal
placé, qu'il fût sottement orgueilleux et ri-
diculement entiché de sa richesse, non pas
qu'il eût été homme à repousser un ancien
ami devenu malheureux et à établir une
barrière infranchissable entre sa fortune,
à lui, et cette misère.

Non ! Charles était noble et grand : il
pensait juste, il ne prenait pas l'*habit* pour
le *moine* et il eût quitté volontiers un salon
doré pour entrer dans une chaumière si,

dans cette chaumière, il eût été sûr de rencontrer un cœur digne de comprendre le sien.

Mais, dans l'état où l'accident de la voiture avait mis Lambert, celui-ci avait plus l'apparence d'un vaurien sortant d'un mauvais lieu que d'un honnête homme accablé par une injuste misère.

Charles crut à une demande d'aumône faite par l'un de ces honteux débauchés qui exploitent la bourse d'autrui en appelant les souvenirs du passé au secours de l'inconduite présente.

Aussi fut-ce un sentiment de dégoût qui lui monta au cœur et, sans prononcer une parole, il se dirigea vers le bureau après avoir répondu par une légère inclination au salut profond que lui adressait Lambert.

Au mouvement de M. de Rueil, à l'expression de sa physionomie, Lambert, qui relevait alors les yeux, devina, par une de ces inspirations particulières aux malheureux, ce qui se passait dans l'esprit de son hôte.

Son front pâle devint pourpre, ses lèvres frémirent et ses yeux étincelants lancèrent un double jet de flammes.

S'avançant précipitamment vers Charles, il se mit entre lui et le bureau et lui tendant sa main ouverte avec un geste empreint de dignité et de noblesse :

— Tu peux serrer **ma** main, — lui dit-il
d'une voix fière et assurée, de la voix d'un
homme qui a la conscience pure de tout
reproche.

Charles tressaillit. Lui aussi devina la
pensée de Lambert.

Il comprit qu'il venait d'être le jouet
d'une funeste erreur et, en homme de cœur
et d'honneur, il eut honte, et, cette honte,
il ne chercha pas à la cacher.

Répondant au geste de Lambert avec un
empressement amical, il lui serra énergiquement la main et le conduisant vers un
siége sur lequel il le contraignit à s'asseoir :

— Pardon ! — dit-il simplement, — je
ne savais où j'avais la tête.

Puis regardant le costume de Lambert, il
ajouta avec un franc sourire qui n'avait rien
de blessant :

— Ah çà ! que diable t'est-il arrivé depuis
que je ne t'ai vu ?

— J'ai failli être écrasé !—répondit Lambert.

— Écrasé !

— Oui.

— Quand cela ?

— Il y a vingt minutes à peine.

— Où donc?

— Place d'Angoulême.

— Et tu es venu de la place d'Angoulême ici...

— C'est le cocher, qui a manqué me tuer, qui a absolument voulu me conduire dans sa voiture et qui m'a amené chez toi.

— Ah! — fit Charles qui ne savait comment prendre cet aveu.

— Tu 't'étonnes que je n'aie pas changé de vêtements avant de venir te voir et que je me sois fait conduire chez toi au lieu de me faire mener chez moi. Que veux-tu? La nécessité ordonne et j'obéis. Je n'ai plus de demeure : on m'a signifié ce matin de n'a-

voir pas à rentrer ce soir dans mon loge-
ment meublé attendu que je devais huit
jours, et, quant à mes habits, j'ai dû garder
ceux-ci parce que je n'en ai pas d'autres. Tu
comprends maintenant?

— Parfaitement, — répondit Charles re-
devenu plus froid et en jetant un coup d'œil
vers son bureau.

Lambert secoua la tête :

— Tu ne me comprends pas ! — dit-il.

Puis après un léger silence :

— As-tu une demi-heure à m'accorder? —
reprit-il.

— Oui, — dit Charles.

Mais changeant de ton presqu'aussitôt :

— Lambert, — poursuivit M. de Rueil, — je devine facilement le motif de ta visite : je crois que pour nous éviter à tous deux une situation également pénible, il vaudrait mieux en abréger les instants, ainsi...

— Tu vas m'offrir une aumône ! — dit Lambert avec un douloureux sourire.

— Non ! pas une aumône, mais je vais agir comme on agit entre gens qui ont derrière eux des souvenirs d'enfance, je vais t'ouvrir ma bourse.

— Charles ! je ne t'ai rien demandé.

— Non, mais...

— Charles, — interrompit Lambert, —
ta façon d'agir en ce moment est presqu'une
offense. Cependant à ta place je ferais ce que
tu fais, car toutes les apparences te donnent
raison, mais je n'en suis pas moins offensé...
seulement au lieu de te demander satisfac-
tion, je te demande patience. Il dépendra de
toi que nous nous voyions demain, après
demain, tous les jours. Il dépendra de toi
que cette visite soit la dernière que je te
fasse. Je suis en ce moment dans la situation
d'un homme qui se noie et qui n'a plus
aucune conscience de l'existence, qui n'a
plus, par conséquent, le sentiment de la vie
ni la peur de la mort. Un hasard peut encore
le sauver, un hasard peut consommer sa
perte. Que lui importe? Il ne sent rien.
Veux-tu m'écouter? Veux-tu m'éconduire?

Agis à ta guise : ma bouche ne formulera ni une plainte, ni un reproche.

En achevant ces mots, Lambert s'était levé et avait fait un pas vers la porte de sortie.

Charles le regardait avec une surprise croissante. Deux fois il venait de se tromper en croyant comprendre la situation : deux deux fois il s'était aperçu qu'il avait eu tort.

Aussi se rapprochant de son visiteur :

— Assieds-toi et parle! — dit-il, — tout mon temps est à toi, mais, en vérité, je ne comprends rien à ta manière d'agir. Je t'écoute.

— Tu vas comprendre! — dit Lambert en se rasseyant.

Les deux anciens compagnons de classe demeurèrent quelques secondes dans un profond silence.

Charles examinait attentivement Lambert et cherchait évidemment à deviner ce qu'il allait apprendre.

Lambert semblait se recueillir avant de commencer à parler.

Un bourdonnement sourd arrivait jusque dans le cabinet de travail : c'était le bruit que faisaient les convives de M. de Rueil qui fêtaient le dessert en attendant le retour à table du maître du logis.

VIII

Le Protecteur.

— Lorsque je te rencontrai, il y a sept ou huit ans, dans ce monde équivoque de viveurs et de femmes galantes que nous fréquentions alors tous deux, — commença Lambert, — tu me vis riche et heureux, en apparence du moins, car je contentais toujours mes fantaisies, et je jetais à pleine mains l'or de mon patrimoine.

— Tu faisais comme nous faisions à peu près tous alors. — répondit Charles.

— Oui, j'avais voitures, chevaux, valets, stalle à l'Opéra et maîtresses renommées. Je gaspillais ma santé, mon temps et mon argent.

— Tu avais de la fortune ?

— Peu de chose, mais trop encore pour l'usage que j'en ai su faire.

— Tu étais orphelin, je crois ?

— Oui. J'ai à peine connu mon père et j'avais perdu ma mère en venant au monde.

— Le vieux monsieur qui venait te voir au collége était ton oncle?

— Et mon tuteur. Il avait eu soin de la petite fortune qu'avait laissée mon père : une cinquantaine de mille francs qui, grâce à ses économies bien entendues, étaient montés au chiffre de quatre-vingt mille à l'époque à laquelle je terminais mes classes.

Mon tuteur mourut cette même année : j'avais dix-huit ans alors et je demeurai absolument seul au monde.

Je devais entrer dans une administration : j'y entrai effectivement, mais ce travail régulier et fastidieux du bureau me lassa promptement.

Sans savoir ce que je voulais faire, je voulus autre chose et je donnai ma démission.

Alors, je me lançai dans cette existence oisive si pernicieuse.

Je rencontrai des gens au dehors aimables mais aux cœurs gangrenés, qui me poussèrent sur la voie mauvaise, et je me mis à courir gaillardement vers la ruine et la misère.

Ce fut durant le cours de cette existence stupide que je te revis plusieurs fois.

Je m'amusais, ou du moins je m'étourdissais et je croyais m'amuser.

A vingt-quatre ans, je n'avais aucune carrière en perspective et il me restait une dizaine de mille francs pour toute fortune.

— Tu jouas à la Bourse ? — dit Charles.

— Naturellement, — répondit Lambert.

— Et tu perdis ?

— Non ! je commençai par gagner. Le gain me rendit ambitieux.

Tout ce que la nature m'a donné d'intelligence je l'employai fiévreusement pour réussir dans mes opérations nouvelles et, en deux ans, grâce à un hasard incroyable, je regagnai près de deux cent mille francs.

— Alors tu continuas à jouer? — dit Charles.

— Non, je m'arrêtai.

— Peste ! cela est sage.

— Je commençais à devenir raisonnable.

— Et tu n'as pas continué alors ?

— Si fait, je le voulais, mais le malheur devait s'abattre sur moi.

— Comment ?

— J'avais été le jouet de mes folles passions : je devais être le jouet de mes bons sentiments.

— Tu fus trompé ?

— Indignement.

— Par une femme ?

— Par toute une famille.

— Ah ! ah ! ceci est encore plus grave.

— Un soir, — reprit Lambert en passant la main sur son front comme s'il voulait chasser ce que les souvenirs qu'il allait évoquer avaient de trop pénible, — un soir, je rentrais chez moi après avoir quitté la société de quelques amis avec lesquels j'avais dîné joyeusement, lorsque je remarquai sur ma route, marchant devant moi, une femme à la tournure jeune et élégante, enveloppée dans un grand châle de nuance foncée.

— Tu la suivis ? — dit Charles.

— Je la suivis et, en passant près d'elle,

je lui adressai quelques-unes de ces paroles
banales qui se débitent sans intention arrêtée.

La femme hâta sa marche en détournant
la tête.

J'insistai de nouveau : elle refusa de me
répondre, elle traversa la chaussée pour
m'éviter, et comme, en ce moment, je tour-
nais l'angle de la rue que j'habitais, et que
ma porte était à quelques pas, j'allais quitter
la promeneuse nocturne et rentrer chez moi,
sans plus m'en inquiéter, lorsque je remarquai un homme de tournure assez commune
qui, suivant la même direction que la dame
inconnue, pressait le pas, à son tour, pour
la rejoindre.

Je ne saurais trop comment définir le sentiment auquel j'obéis alors, mais au lieu de rentrer chez moi, je continuai ma promenade.

Peut-être étais-je curieux de savoir si le nouveau poursuivant serait mieux accueilli que moi !

La dame marchait sur le trottoir de gauche de la rue d'Amsterdam ; l'homme la suivait à une très-courte distance, et, moi, j'arpentais philosophiquement le trottoir de droite.

Il était onze heures passées : la rue était absolument déserte, car depuis longtemps nous avions passé le chemin de fer.

Au moment où la dame traversait la rue de Berlin, le nouveau poursuivant la rejoignit et voulut, à ce que je compris, entamer aussitôt la conversation.

La dame détourna la tête, et commença aussitôt une promenade en zig-zag sur le trottoir, comme une biche voulant dépister un limier.

Le cavalier sembla persévérer dans ses attaques, et ne pas se lasser du manége fatigant qui lui était imposé.

Je souriais en suivant de l'œil tous ces détails.

L'homme marchait sur les pas de la femme, et était tellement près d'elle que les deux ombres se confondaient en une traînée sombre chaque fois que la lueur d'un bec de gaz les détachait dans les ténèbres.

Tout à coup, la dame poussa un léger cri d'indignation mêlé d'effroi, et, s'élançant de côté, elle traversa rapidement la rue pour venir prendre le trottoir que je suivais moi-même.

Ce cri, cette retraite précipitée me convainquirent que la personne que j'avais devant moi n'était pas, au moins, une aventurière de bas étage, et mes sentiments d'honnête homme se révoltèrent aussitôt en songeant qu'une honnête femme pouvait être insultée, en ma présence, par un manant.

Je hâtai le pas à mon tour pour la rejoindre et lui offrir ma protection.

L'homme avait traversé lui-même la rue,
et, passant près de moi, sans paraître se
soucier ou non de ma présence, il continua sa chasse.

Cette façon de me compter pour un zéro
dans son aventure, me choqua tout d'abord
et me disposa plus encore à intervenir, si
besoin en allait être.

La femme marchait devant, l'homme, lui,
emboîtait le pas de nouveau, et moi, je suivais presque immédiatement.

Le manant débitait phrases sur phrases,

et toutes plus pressantes et plus engageantes les unes que les autres.

Impatienté sans doute du silence obstiné que gardait la jeune femme, il changea brusquement de ton et fit résonner à ses oreilles quelques paroles grossièrement in-solentes, qu'il osa accompagner du geste le plus outrageant...

J'avoue que, du même coup, la colère me monta au cerveau, et sans savoir pour qui j'allais prendre fait et cause, et si la femme poursuivie valait la peine qu'un galant homme risquât, pour elle, une rencontre désagréable, je ne pus maîtriser un premier mouvement d'indignation.

L'homme était devant moi, me tournant
le dos...

Il n'avait pas achevé de commettre sa
honteuse action, qu'un coup de pied, ap-
pliqué à toute volée, l'envoyait rouler, la
tête en avant, à quelques pas devant moi.

La femme s'était arrêtée court.

L'homme se relevait furieux.

Il revint sur moi la menace à la bouche.
J'avais une bonne canne de défense, je la
levai et, sans laisser le temps à mon adversaire de s'élancer, je lui coupai la figure.

Il poussa un rugissement de rage.

Il fit un pas en arrière, et je vis un couteau nu briller dans sa main.

La cause involontaire de ce duel nocturne, la pauvre petite femme, se tenait
blottie contre la muraille en poussant des
cris inarticulés.

La vue du danger me rendit mon sang-
froid.

J'étreignis rudement ma canne et j'attendis.

L'homme bondit en avant, le bras haut,
la lame menaçante...

Mais il laissa échapper, en même temps,

un cri de douleur et le couteau qu'il bran-
dissait.

A l'aide d'un revers énergiquement envoyé
je venais de faire sauter l'arme et d'engour-
dir le bras levé sur moi.

Saisissant alors mon adversaire par le
collet de son paletot, je lui fis accomplir un
tour de manége en pleine rue, en lui admi-
nistrant sur les épaules une correction justement méritée.

Puis, le lâchant subitement, je le laissai
aller rouler dans le ruisseau.

Alors m'approchant de la femme tremblante et éplorée :

—Prenez mon bras, madame! —lui dis-je.

La pauvre petite ne se fit pas répéter l'invitation. Elle se cramponna à moi, et je compris, au poids de sa main, qu'elle était heureuse de trouver un appui pour marcher.

Elle m'entraîna rapidement cependant, car la peur lui en donna presque aussitôt la force.

Je me retournai, et j'aperçus mon adversaire se relevant avec peine et fort peu désireux, en apparence, de recommencer la lutte.

Une réflexion m'arrêta : je fouillai dans ma poche, et je pris une carte dans mon carnet.

— Qu'allez-vous faire ? — me demanda ma compagne.

— Donner à cet homme mon nom et mon adresse, — répondis-je, — s'il veut venir me trouver demain...

— Oh ! monsieur ! — s'écria la jeune femme, — vous me faites frémir. Cet homme est indigne de vous. Ne vous en occupez plus.

Et saisissant la carte que j'allais lancer :

— Je la garde ! — ajouta-t-elle.

Puis elle m'entraîna de nouveau.

Nous atteignîmes alors l'extrémité de la rue d'Amsterdam.

J'avais parlé à ma compagne, mais bien plutôt dans l'intention de calmer ses craintes, ainsi que tu dois le comprendre, que dans celle de nouer une intrigue amoureuse.

Arrivés près de la barrière, nous nous arrêtames.

— Monsieur, — me dit la jeune femme d'une voix douce et émue, — vous êtes bon, vous êtes brave, vous êtes généreux, je viens d'en avoir la preuve. Maintenant, veuillez mettre le comble à votre courtoisie.

— Comment ? — dis-je.

— En me laissant continuer seule ma route, et en ne me suivant pas.

— Mais...

— Je suis à quelques minutes de la maison que j'habite...

— Cependant...

— N'insistez pas, je vous en conjure, et je vous garderai une éternelle reconnaissance de votre bonne action.

Il y avait dans la voix de la femme que je venais de prendre sous ma protection, un tel charme, une telle douceur que je me sentis ému.

— Pourquoi ne voulez-vous pas que je vous reconduise jusqu'à votre porte ? — lui dis-je.

— N'insistez pas ! — se contenta-t-elle de répondre.

— Cependant...

— Par grâce ! laissez-moi et ne me suivez-pas !

Pour mieux parler, la jeune femme avait relevé alors le voile qui couvrait ses traits.

Nous étions sur la petite place qui termine la rue d'Amsterdam, et un bec de gaz, placé au-dessus de nos têtes, éclairait en plein celle de ma compagne.

J'avais jusqu'alors à peine entrevu ou plutôt même deviné son visage.

Lorsque je l'avais suivie, j'avais été entraîné plus encore par le charme de sa tournure élégante, par un pied mignon, par un bas de jambe fin et rond que j'avais aperçu sous les plis de la jupe, que par la beauté de la figure ; car l'épaisseur du voile d'une part, et l'obscurité de la nuit de l'autre, s'étaient opposés à ce que j'examinasse la fraîcheur des traits ; mais alors je pouvais distinguer parfaitement ce gracieux et charmant visage.

Une tête d'ange ne doit rien avoir de plus suave ni de plus éclatant.

Une peau fine et blanche, une véritable peau de satin : des yeux énormes d'un bleu d'azur, des sourcils et des cils bruns, une petite bouche mignonne et rosée, des cheveux admirables, de couleur châtain foncé, composaient un ensemble qu'un peintre eût été trop heureux de copier pour une tête de madone.

Je l'examinais attentivement tandis qu'elle me parlait, et je demeurais fasciné par cette ravissante beauté dont mon œil caressait amoureusement tous les détails.

Je me sentais doucement ému, vivement impressionné.

Mon interlocutrice devina sans doute ce qui se passait en moi, car elle fit un gracieux geste d'impatience accompagné d'une petite moue qui donnait à ses lèvres les contours les plus excitants.

Il était près de minuit, la place était absolument déserte et profondément silencieuse, aucun œil indiscret ne pouvait nous voir...

J'étais seul, moi jeune homme, en face d'une femme d'une beauté merveilleuse à laquelle je venais de rendre un important service, pour laquelle je venais de m'exposer, et qui, par conséquent, devait être reconnaissante et se montrer telle...

Que diable ! mon cher Charles, on a beau être un galant homme, on n'est pas un saint !...

Et puis cette petite bouché était si mignonne !... Cette moue adorable avait quelque chose de tellement engageant !...

Machinalement j'avançai la tête et, obéissant à un entraînement involontaire, je me penchai pour aller chercher le baiser que je croyais voir à demi éclos sur ces lèvres de corail...

Un geste empreint d'une chasteté véritable m'arrêta tout net.

La jeune femme, sans se reculer, avait croisé ses petites mains :

— Oh ! monsieur ! — fit-elle simplement

Il y avait dans cette banale exclamation un reproche si justement et si doucement accentué ; il y avait un tel étonnement de ma conduite, une telle douleur d'avoir à repousser maintenant celui qu'elle devait aimer par reconnaissance, que je fis un mouvement en arrière.

J'eus honte de l'entraînement auquel j'avais failli obéir :

— Pardonnez-moi ! madame, — dis-je en me reculant, — et faites maintenant ce que vous voudrez, vous êtes libre. Je vous promets d'attendre, à cette place même, que vous ayez disparu et ensuite je rentrerai chez moi.

La jeune femme me prit les deux mains qu'elle serra doucement :

— Vous êtes bon ! — fit-elle avec un charmant sourire. Puis, faisant un gracieux signe de tête, elle s'éloigna vivement.

Je demeurai immobile à la même place, ainsi que j'en avais donné ma parole.

La jeune femme, marchant rapidement, disparaissait déjà à demi dans l'ombre, lorsque, tournant brusquement sur elle-même, elle revint vers moi.

Je l'attendis avec étonnement.

D'un geste rapide et familier elle me reprit les mains :

— Oh ! vous êtes bien réellement bon et généreux ! — dit-elle.

Il y avait des larmes dans sa voix.

Et comme je demeurais, sans bouger, et assez embarrassé de ma personne, elle pencha sa jolie tête, se haussa sur ses petits pieds et présenta son front à la hauteur de ma bouche...

— Joli dénoûment! — interrompit Charles de Rueil en riant.

— C'était un baiser de paix qu'elle me demandait et que je lui donnai, — répondit Lambert.

— Et ensuite?

— Elle me dit adieu et s'éloigna.

— Pour revenir encore?

— Oh non! Pas cette fois, du moins.

— Ah! ah! tu revis la dame?

Lambert fit un signe affirmatif.

— Eh bien ! — continua Charles, — pour un commencement d'intrigue c'était pittoresquement noué.

— Oui ! — fit Lambert en secouant la tête, — le commencement était gracieux , mais pourquoi ce commencement a-t-il eu une suite, et surtout une fin !

— Bah ! l'aventure devait tourner au tragique?

— Si je suis chez toi aujourd'hui et dans l'état misérable où tu me vois, — répondit Lambert, — la cause principale est cette rencontre dont je viens de te raconter les détails.

— En vérité?

Lambert poussa un profond soupir.

Charles commençait à être si vivement in-
trigué par ce que lui disait son ancien compagnon d'études, qu'il oubliait et ses amis
l'attendant dans la salle à manger, et le
déjeuner à demi achevé.

Rapprochant sa chaise de celle de Lambert :

— Continue ! — dit-il.

IX

Une visite inattendue.

— Après que ma belle inconnue m'eut quitté pour la seconde fois, — reprit Lambert, — et que je l'eusse vue disparaître dans la ligne d'ombre qui entourait la petite place, se dirigeant, d'après ce que je pus observer, vers le boulevard extérieur, je demeurai quelques instants encore sous le charme de sa gracieuse manière d'avoir pris congé de moi.

Puis, lançant un dernier regard vers la barrière qu'elle venait de franchir, je me mis en devoir de regagner mon domicile.

— Est-ce une honnête femme, est-ce une aventurière? — me demandai-je sans pouvoir répondre à ma propre question.

Bref, l'image de ma jolie promeneuse m'accompagna jusqu'à ma porte, et lorsque je rentrai dans mon appartement, je la trouvai encore et toujours avec moi.

Je n'oserais même jurer que, la nuit qui suivit, je ne rêvai pas à elle.

Seulement, ce dont j'étais parfaitement convaincu et ce qui, je l'avoue, me contrariait assez vivement, c'était que je ne devais jamais la revoir.

Le lendemain matin, cependant, j'avais à peu près oublié cette ébauche d'aventure, et même, sans trop que je pusse m'expliquer ce revirement de mes impressions, mes pensées, alors qu'elles revenaient s'arrêter sur la dame de la veille, étaient moins suaves à son égard.

— C'est quelque coureuse d'aventures, — disais-je, — à laquelle il aura plu de jouer la vertu une fois par hasard. Une honnête femme se promènerait-elle seule, à onze heures du soir, par les rues? Sa mise, sans annoncer le luxe de la richesse, dénotait au moins l'aisance!...

Une honnête femme aurait pris une voiture et ne se serait pas hasardée seule dans ces quartiers déserts.

J'ai été un niais, et si le drôle que j'ai si vertement corrigé avait été le plus fort, il est probable que je serais, à cette heure, dans mon lit, pour une petite femme qui ira grignoter des bonbons, ce soir, dans quelque avant-scène de petit théâtre.

Qui sait d'ailleurs si toute cette réserve qu'elle a affectée avec moi n'était pas une comédie, un leurre pour mieux m'engluer dans sa prétendue vertu de circonstance !

Au diable les rencontres nocturnes ! Et dire qu'à mon âge je me livre encore à de pareilles espiègleries !

C'est honteux ! La gaillarde doit bien rire de moi, si elle m'a pris pour dupe ! »

Et furieux contre moi, contre ce que je nommais ma stupidité et ma naïveté, je sonnai mon valet de chambre, et je demandai mon déjeuner.

— D'ailleurs, — ajoutai-je en continuant mes réflexions tandis que j'entamais une côtelette, — d'ailleurs elle m'a pris ma carte et a gardé mon adresse.

On n'agit pas autrement chez Mabille ou au Château-des-Fleurs.

Je suis sûr qu'elle n'a pas écouté le manant, que j'ai secoué, uniquement pour me donner envie de la défendre, et trouver l'occasion de nouer connaissance avec moi d'une façon originale.

Les femmes ont quelquefois des idées si singulières!

Et puis, deux hommes qui se battaient pour elle, en pleine rue! cela a dû flatter son amour-propre!

Décidément, quand je rentrerai le soir, je prendrai une voiture; cela m'évitera, à l'avenir, des rencontres qui peuvent avoir des suites désagréables ! »

Et je continuai à déjeuner en prenant des journaux, pour donner le change à mes pensées.

— Cependant, — fis-je, sans pouvoir cesser de m'occuper de mon aventure de la veille, et en y revenant malgré moi, — cependant il y avait dans sa démarche, dans ses allures, quelque chose qui sentait la femme qui se respecte.

Peut-être sortait-elle d'une maison de la rue d'Amsterdam, alors que je la rencontrai, et n'avait-elle qu'un court chemin à accomplir pour rentrer chez elle.

Il y avait dans sa voix une expression de douceur et de franchise qui m'a charmé.

Et puis ce cri qu'elle a poussé partait bien de la gorge d'une femme justement indignée.

J'ai peut-être tort de la juger aussi légèrement...

— Au diable ! — fis-je en m'interrompant moi-même, — qu'est-ce que j'ai besoin de me creuser la tête à propos d'une femme que je ne reverrai jamais, si elle est honnête, et que je rencontrerai trop facilement si elle ne l'est pas ! »

Et je repris mes journaux, m'enfonçant,

autant que possible, dans les détours de la politique.

Comme on venait de me servir le thé, un violent coup de sonnette retentit dans mon antichambre.

— Allons, bon ! — fis-je avec humeur,— qu'est-ce qui vient là ?

J'étais de mauvaise humeur sans savoir pourquoi.

Mon domestique vint m'annoncer qu'une dame demandait à me parler.

J'ordonnai qu'on fît entrer, et mon domestique introduisit aussitôt une femme remarquablement belle, mais vêtue avec une extrême simplicité.

Je poussai un cri de surprise : cette femme, que j'avais devant moi, était celle que j'avais suivie la veille au soir.

— Monsieur, — me dit-elle aussitôt, — ne prenez pas de moi mauvaise opinion à cause de la démarche que je tente en ce moment. Je ne suis ici que pour vous rendre un important service.

— Expliquez-vous, madame, — lui dis-je en l'invitant à s'asseoir.

Elle prit un siége, et elle ajouta presque aussitôt d'une voix douce et mélodieuse :

— Vous êtes bien monsieur Lambert d'Arcourt ?

— Oui, madame.

— Vous êtes orphelin depuis votre jeune âge?

— Oui, madame.

— Vous aviez à peine quatre ans lorsque vous avez perdu M. votre père?

— Oui, madame, — dis-je encore, tout aussi étonné de la présence inattendue, chez moi, de la dame, que de l'espèce d'interrogatoire que je subissais.

— Votre père a laissé, en mourant, une fortune de cinquante mille francs?

— Mais, — fis-je avec un mécontentement manifeste, car ces questions réitérées sur ma famille commençaient à m'impatienter fort de la part d'une personne qui m'était absolument étrangère, — mais je ne sais, madame, si je dois répondre avant de connaître le motif qui dicte vos demandes.

— Je vous le répète, monsieur, ce motif est votre intérêt même.

— Pardonnez-moi, madame, mais je ne comprends pas.

— Veuillez me répondre, monsieur, et vous comprendrez bientôt. D'ailleurs, les questions que je vous adresse n'ont rien de bien indiscret, puisqu'elles ont pour but des choses que beaucoup d'autres savent et que vous n'avez aucune raison pour tenir cachées. Je disais que votre père avait laissé, en mourant, une fortune de cinquante mille francs ?

— Cela est vrai, madame.

— Un oncle a été votre tuteur ?

— Oui, madame.

— Et cet oncle est mort à l'époque de votre majorité ?

— Un mois avant.

— N'y avait-il pas avec lui un conseil de famille pour veiller sur vos intérêts ?

— Des personnes que je n'ai jamais vues, des parents éloignés habitant la province, composaient ce conseil.

— De sorte que, si votre oncle est mort un mois avant l'époque de votre majorité, il est mort sans vous rendre aucun compte.

— Aucun.

— Et comment, cependant, avez-vous obtenu vos comptes de tutelle?

— De la façon la plus simple : le notaire m'a remis les papiers, et m'a mis en possession de mon patrimoine presque doublé, grâce à l'heureuse gestion de mon oncle.

— Mais vous n'avez jamais eu aucun détail particulier touchant ce patrimoine?

— Aucun autre que ceux donnés par le notaire.

— Ah çà ! mais, — interrompit Charles, — c'était un clerc d'avoué déguisé que ta visiteuse !

— Je ne savais alors ce qu'était cette femme, — répondit Lambert. — Elle m'interrogeait avec une insistance tellement étrange, que je lui répondais presque involontairement.

— Enfin ?

— Enfin, — reprit Lambert, — comme je paraissais de plus en plus étonné, elle ajouta :

— Ce sont ces détails sur cette fortune provenant de votre père, que votre tuteur devait vous communiquer, en vous rendant ses comptes, ce que la mort l'a empêché de faire, que je viens, moi, vous donner aujourd'hui.

— Madame, — lui dis-je, — avant d'aller plus loin et de laisser prendre, à l'entretien qui a lieu, une tournure plus intime à propos de mes intérêts privés, il faut absolument que je sache à qui j'ai l'honneur de parler.

— Je me nomme Eulalie Raymond, — répondit-elle.

Ce nom m'était parfaitement inconnu.

— N'ai-je pas eu le plaisir de vous rencontrer déjà? — repris-je en faisant allusion à ma poursuite de la veille, mais sans cependant rien préciser, car depuis quelques minutes je me demandais si je ne me trompais pas, si je n'étais pas le jouet d'une illusion, et si l'héroïne de mon aventure de la nuit était bien la même femme que celle qui venait me parler, chez moi, de mes affaires privées, avec un aplomb de juge d'instruction.

— Je vous ai vu hier soir, — répondit-elle sans hésiter.

— Hier soir, — dis-je en paraissant chercher, — où donc?

— Dans la rue.

— Dans la rue?

— Oui, monsieur, vous m'avez suivie,

vous m'avez parlé; je ne vous ai point répondu, et cependant vous avez pris ma défense, alors que j'étais insultée par un insolent.

Je demeurai ébahi.

Cette réponse, formulée de la façon la
plus nette et la plus précise, sans hésitation,
sans rougeur, pouvait être celle d'une très-
honnête femme, mais elle pouvait aussi être
celle d'une aventurière.

— C'est même cette rencontre, — reprit-
elle, — qui est cause de ma visite de ce
jour.

Je la regardai sans paraître comprendre.

— Depuis longtemps, — continua-t-elle,

— et ainsi que vous le verrez bientôt, votre nom m'était familier. Il se passait peu de jours, depuis trois années, sans que j'entendisse parler de vous, ou plutôt de votre père...

— De mon père ! — m'écriai-je.

— Oui, monsieur. Votre personne m'était presque inconnue, car je ne vous avais aperçu qu'une seule fois sur le boulevard, et je dois même vous avouer que la façon dont j'entendais parler de vous me faisait éprouver peu de sympathie à votre égard...

— Madame !...

— Oh ! ne vous fâchez pas ! ceux qui par-

laient ainsi calomniaient, je le sais aujour-
d'hui.

— Et, ces calomniateurs, qui donc étaient-
ils ?

— Mon mari et mon frère.

— Votre mari et votre frère ?

— Oui, monsieur.

— Je les connais donc ?

— Nullement, mais ils vous connaissent,
eux.

— Et ils se nomment ?

— Mon mari s'appelle Raymond...

— Et votre frère?

— Julien David.

— Je ne connais pas ces deux noms.

— Je le sais.

— Et ils me calomniaient?

— Oui, monsieur.

— Pourquoi?

— Parce qu'ils avaient besoin de rassembler contre vous bon nombre d'ennemis.

— Mais, — m'écriai-je, — tout ceci est une plaisanterie, car je ne comprends absolument rien à ce que vous me dites.

— Le fait est, — dit Charles, — que l'on jurerait entendre poser un logogriphe. Je demande le mot !

— Le mot était pour moi : Malheur ! — répondit Lambert, en secouant la tête.

Charles fit signe qu'il ne comprenait pas davantage.

— Laisse-moi continuer, — reprit Lambert d'Arcourt, — bientôt, ce mot, dont tu parles, t'apparaîtra en lettres lumineuses.

— J'écoute.

Lambert poussa encore un douloureux soupir, puis il reprit :

— Eulalie Raymond ne paraissait nullement se préoccuper de l'étonnement et de l'émotion que je manifestais.

— On vous avait peint devant moi, — continua-t-elle, — sous les couleurs les plus tristes.

On vous avait fait grossier, insolent, débauché, l'un de ces hommes, enfin, qu'une femme qui se respecte n'ose écouter, et qu'elle craint presque de regarder en face.

Hier, alors que je vous reconnus dans l'homme qui me suivait, j'eus peur ; mais, presque aussitôt, à ce sentiment de la peur en succéda un autre, celui d'une étrange et invincible curiosité.

Vous vous approchâtes de moi pour me

parler, je tremblai, et vos premières paroles, peu respectueuses, me confirmèrent dans l'idée que l'on m'avait faite de vous.

Mais lorsque, pour éviter vos poursuites, je traversai la rue, losque je vis que, respectant la volonté, exprimée d'une façon muette par moi, de demeurer seule, vous vous contentâtes de marcher dans la même direction en cessant toute instance, je pris de vous une meilleure opinion.

Vous savez mieux que moi encore ce qui arriva ensuite.

Sans me connaître, sans savoir qui j'étais, sans vous demander si j'étais une femme dont on pouvait prendre la défense, vous vous êtes fait mon protecteur contre un rustre, et vous avez corrigé un insolent qui m'insultait.

C'est un de ces actes, monsieur, qu'une femme n'oublie jamais, et qui se gravent au plus profond de son cœur en caractères ineffaçables.

A cet acte de protection, vous joignîtes la courtoisie la plus parfaite, et lorsque, sur ma prière, vous me laissâtes m'emparer de votre carte, et que je pus lire votre nom en toutes lettres, lorsque je m'assurai que je ne m'étais pas trompée en ayant cru d'abord vous reconnaître, je me sentis heureuse, monsieur, car la façon dont vous veniez de vous conduire me prouvait que l'on vous avait indignement calomnié devant moi en parlant de vous ainsi qu'on l'avait fait.

— Mais ces calomnies, — fis-je avec impatience, — quelles sont-elles ? A quel propos les a-t-on lancées contre moi ?

— Je vais vous le dire, monsieur, — répondit madame Raymond.

X

La promenade.

A l'heure même où les deux anciens camarades de collége causaient intimement
dans le cabinet de travail de la maison de la
rue Neuve-des-Mathurins, et au moment où
Charles de Rueil, prenant un vif intérèt à la
confidence de Lambert d'Arcourt, écoutait

celui-ci avec une attention profonde, le cortége de la noce que nous avons vu descendre
précédemment la rue d'Angoulême, parcou-
rait le boulevard dans la direction des
Champs-Élysées.

A l'instant même où Lambert entamait
l'histoire de la visite de la belle inconnue,
la voiture de remise, renfermant la mariée
et le marié, M. Buchené, madame Marescot
et le garçon d'honneur, à son poste, sur le
siége, la voiture, — disons-nous, — passait
sur le boulevard des Capucines, en face le
passage Sandrier (aujourd'hui passé à l'état
d'antiquité perdue), et se trouvait, par conséquent, précisément à la hauteur de la
maison de la rue Neuve-des-Mathurins, dans
laquelle Lambert continuait son récit.

La noce allait au bois de Boulogne.

Après que la jeune mariée eut été remise, et que son état n'eut plus inspiré aucune crainte, on avait proposé et accepté, on se souvient, un tour de promenade pour couper la journée et attendre l'heure du dîner.

Afin que cette attente fût supportée plus patiemment, les dames avaient englouti quelques litres de bouillon, les enfants avaient fait des trempettes à l'aide de biscuits rassis et de vin sucré, et les hommes avaient été jouer un madère en douze points au café du *Méridien*.

A deux heures, les garçons d'honneur, remplissant leurs fonctions de grooms et se livrant à des allées et venues incessantes sur les trottoirs de la rue d'Angoulême, du restaurant Chapard au café du *Méridien*, faisant les commissions des dames, et allant communiquer les réclamations aux maris, tout en étalant complaisamment leurs toilettes recherchées et surtout leurs belles cravates blanches aux yeux des gamins et des bonnes, les garçons d'honneur, alors que deux heures sonnèrent au *Cadran-Bleu*, s'étaient rués plutôt qu'élancés vers le café.

— Messieurs ! messieurs ! — s'écrièrent-ils en essayant de désarmer les joueurs, — les voitures sont prêtes et ces dames attendent !

— Encore trois points ! — répondit un

des invités en s'efforçant de rentrer son ventre pour faire une demi-allonge sur le billard.

— Mais ces dames attendent! — dit Jules, le plus empressé des garçons d'honneur.

— Eh bien! qu'elles partent sans nous! — répondit un monsieur maigre, abominablement grêlé, et que ses compagnons appelaient : papa Guilloché. — Elles n'ont point besoin de nous pour aller se promener, j'imagine, pas vrai, Pingoin?

Pingoin était le gros joueur qui n'avait pu parvenir encore à prendre une bonne position pour lancer sa bille.

— Avec ça que mon épouse se gêne pour

s'aller promener sans moi, ordinairement,
— répondit Pingoin. — D'ailleurs, les femmes, ça aime à bavarder entre elles. Elles
seront mieux sans nous.

Et le gros bonhomme, faisant un effort,
donna un vigoureux coup de queue.

— Bigre ! — fit-il en suivant de l'œil le
parcours de la bille, — j'ai failli caramboler. Cuissard, vous êtes collé ! Tu es collé,
mon petit Cuissard !

Au premier abord, on pouvait chercher
vainement dans la salle le personnage auquel s'adressait M. Pingoin : on ne le voyait
pas.

Cependant on distinguait une queue de

billard se balançant dans l'espace, derrière le comptoir de l'établissement.

Dans ce comptoir, trônait une dame d'une quarantaine d'années, bien conservée si elle avait toujours été laide, et dont les charmes corporels avaient une ampleur tellement majestueuse, que certes, si la beauté était une question d'étendue et de poids, la dame l'eût emporté, sans conteste, sur la *Vénus hottentote*.

Cette dame souriait, minaudait, roulait ses gros yeux tout en jouant de la main droite avec le *tronc des garçons* déposé devant elle, en femme en train d'écouter des paroles aimables.

— Eh ! Cuissard ! Où est Cuissard ? — cria Pingoin.

— A toi, Cuissard ! Tu es collé ! — ajouta le papa Guilloché.

— Eh ! Cuissard ! Eh ! Cuissard !

— Me voilà ! — répondit une petite voix flûtée.

La queue de billard dominant le comptoir fit un mouvement en avant, comme si elle eût été douée de la faculté de se mouvoir.

Alors on vit se dégager de derrière la masse imposante formée par la dame de comptoir, un tout petit être, grand comme un enfant de douze ans au plus, et qui avait disparu, jusqu'à cet instant, caché qu'il était par le meuble en acajou servant de trône et de caisse à la préposée aux intérêts du patron de l'établissement.

Ce petit être, haut de quatre pieds à peu près, était tout en buste et paraissait marcher sur ses deux genoux.

Au premier coup d'œil, et même au second, il présentait l'aspect le plus comique.

Qu'on se figure une énorme tête, toute pointue, au crâne absolument dénudé, percée par deux petits yeux ronds, au regard très-vif et très-animé, surchargée d'un nez de perroquet et fendue à sa base par une large ouverture, sorte de four auquel on devait refuser le nom de bouche, et garnie, à son intérieur, de dents qui avaient dû ja dis éprouver de grands malheurs, à en juger par le deuil qu'elles portaient encore.

Le front pouvait exister, à la rigueur, attendu que le crâne dénudé pouvait passer pour tel, mais le menton faisait absolument défaut.

Un cou ordinaire attachait cette tête grotesque à deux épaules carrées.

Le buste était celui d'un homme de haute taille.

Jusque-là, il n'y avait rien à dire : si la laideur était patente, l'expression du visage ne manquait pas d'intelligence ni de mobilité

Mais les jambes ! Un invalide de profession les eût enviées !

Les jambes existaient à peine. Entre l'extrémité inférieure du buste et le sol il n'y avait pas le quart de la hauteur entière du corps.

M. Cuissard était ce qu'on appelle *noué*.

Deux gros pieds plats, comme ceux des canards, le soutenaient solidement et contribuaient étrangement à lui donner la tournure de l'un de ces estimables produits de nos basses-cours.

Tel qu'il était, M. Cuissard paraissait cependant enchanté de sa petite personne.

Ce fut en sautillant, en se traînant, en se

contournant, qu'il atteignit le billard.

— Voilà ce scélérat de Cuissard qui faisait sa cour à la dame du comptoir ! — dit Pingoin en riant.

— Quel vert-galant, que ce Cuissard ! — ajouta le papa Guilloché. — Il est toujours en caravane !

— Cuissard ! je le dirai à ta femme !

— Elle en sait bien d'autres ! — répondit le nain en se donnant des airs de don Juan.

— Dis donc, Cuissard, — ajouta Pingoin en enduisant le procédé de sa queue d'une épaisse couche de blanc, — dis donc, Cuissard, n'est-ce pas que ces dames peuvent bien aller se promener sans nous ?

— Je les y convie ! — répondit Cuissard.

— C'est cela ! qu'elles aillent se promener, nous resterons entre hommes !

— Et nous ferons nos farces ! — ajouta Cuissard.

— Ça va !

— Nous boirons un punch ! — dit Pingoin.

— Deux punchs ! — ajouta Guilloché.

— Et nous irons faire un tour sur le boulevard pour voir les actrices quand elles sortiront de la répétition ! — dit Cuissard.

— C'est cela ! Bravo !

Et les sept ou huit autres hommes faisant partie de la noce et qui étaient également au café, les uns jouant aux dominos, les autres au piquet, firent entendre des acclamations approbatives.

— Or donc, — reprit Pingoin en s'adressant à Jules et à ses collègues qui attendaient toujours, — demi-tour à gauche, les petits agneaux, et allez dire à ces dames que, comme nous nous trouvons bien ici, nous y restons ! Sur ce, filez !

Les garçons d'honneur ne se firent pas répéter deux fois l'injonction formulée et ils disparurent vivement par la porte entr'ouverte.

La galanterie de ces messieurs ne sembla

nullement étonner les jeunes gens : ils y étaient habitués, et eux-mêmes, une fois mariés, ne devaient pas agir autrement à l'égard de leurs femmes.

Une chose assez triste, mais cependant utile à constater, c'est que dans la classe de la société que l'on désigne sous le nom de *petite bourgeoisie*, la galanterie du mari envers sa femme est un sentiment complètement inconnu.

Pour ces messieurs, la femme n'est point une femme, une compagne, une créature délicate et intelligente qui a besoin, pour vivre et pour prospérer, d'être entourée de soins, d'attentions et de prévenances, c'est un objet de nécessité première pour celui

qui veut faire des économies et avoir ses vêtements en bon ordre.

Le mot de cet homme qui prétendait que
le mariage était pour lui : *l'histoire d'avoir
ses repas réglés*, n'est pas aussi plaisant
qu'on le suppose.

Il est malheureusement vrai.

Certes, il n'y a pas de règle sans excep-
tion, mais enfin, pour la majorité de ces
messieurs, le plaisir consiste à s'amuser entre hommes, *sans cotillons*, comme ils le
disent.

La femme est condamnée à demeurer in -
variablement (sauf quelques rares excep-
tions) à la maison.

Ce n'est plus une compagne, c'est une cuisinière, une femme de ménage, une raccommodeuse.

Là surtout l'homme prétend être le *maître*.

(Remarquez que jamais un homme d'esprit n'a prononcé ce mot.)

L'homme entend par *être le maître au logis*, avoir le droit de crier, d'aller se promener et de faire des sottises sans remontrances à endurer.

Il dit : *je veux*, et il se plaît à supposer que sa femme a peur de lui et tremble à son approche.

Et il se moque d'un voisin complaisant

dont il dit, en ouvrant une grande bouche :

Sa femme le mène par le bout du nez.

Il appelle être bon mari, ne pas battre sa femme, et être excellent, lui donner une robe quand elle en a un besoin absolu.

Et quand la femme a une toilette passable qu'elle s'est confectionnée à force de ruses, de soins, d'attentions et d'économies, il s'écrie :

— Hein? j'espère qu'elle n'est pas à plaindre, mon épouse !

Et cependant, quand ils sont malades, quand ils sont affligés, ces mêmes hommes sont trop heureux de trouver à leur chevet, pour les soigner, près d'eux, pour les conso-

ler et les fortifier, ces femmes qu'ils croient
de leur dignité de traiter en créatures inférieures.

Et cependant, plus on descend dans l'é-
chelle sociale, et plus on trouve de différence entre la nature de la femme et celle de
l'homme.

Parmi les ouvriers qui mangent leur paye
au cabaret, combien y en a-t-il qui aient
à se plaindre de l'inconduite de leurs femmes ?

C'est que l'homme tend toujours à s'*abais-
ser*, lui, et que la femme tend, elle, à s'*éle-
ver* toujours.

Quoi qu'en disent les détracteurs du beau

sexe, il est incontestable que la femme, au point de vue de la bonté, du dévoûment, de la générosité, de la finesse et de l'amour, est infiniment supérieure à l'homme.

Dans les classes élevées, la différence entre les deux sexes est moins grande, parce que l'éducation a développé les qualités de l'homme; mais dans les classes inférieures, où la nature est plus laissée à elle-même, l'homme, quoiqu'il veuille être le *maître*, ferait mieux, neuf fois sur dix, de n'être que le *serviteur* de sa femme.

Mais ils veulent être les *maîtres,* parce qu'ils n'en ont pas le droit, ces messieurs, tandis que les gens d'esprit, qui en auraient le droit, eux, ne veulent qu'avoir l'air de l'être.

En conséquence de ces beaux principes, MM. Pingoin, Guilloché, Cuissard et consorts, demeurèrent au *Café du Méridien*, et les *femmes* (suivant l'expression de ces messieurs) se mirent en route pour le bois de Boulogne.

La mariée avait repris sa place dans la première voiture avec son mari, son père et sa belle-mère.

Dans la seconde voiture, s'étalait madame Cuissard, la petite courte, grosse et grasse commère, fraîche en couleur et de mine délurée, l'épouse du nain vert-galant que nous venons de présenter à nos lecteurs.

A côté d'elle était madame Pingoin, la grande personne sèche et maigre qui avait proposé de prendre quelques bouillons, sous prétexte que l'*estomac lui tirait.*

Sur le devant, trônaient deux autres femmes.

L'une, pimpante, coquette, mignarde, âgée d'une trentaine d'années, l'une de ces femmes qui, certes, ne manquent ni de grâce, ni d'attraits, ni d'intelligence, et dont le type se résume par ces mots : *une excellente femme de commerce,* c'est-à-dire une marchande fine et adroite, qui ferait acheter au besoin du cuivre pour de l'or, du verre pour du diamant.

C'était la troisième femme du papa Guilloché, lequel s'était marié deux fois précédemment et était deux fois devenu veuf.

Aussi disait-on de lui : « Quel gaillard, que ce père Guilloché. »

L'autre était une demoiselle qui eût pu mettre tant d'épingles à la coiffe de sainte Catherine, que la tête de la sainte devait certainement être passée à l'état de pelote.

Elle se nommait mademoiselle Anastasie Pigrillard, et comptait une quarantaine de printemps joints à autant d'hivers.

Des invités insignifiants, des parents de campagne, remplissaient le second fiacre et avaient tous la tête à la portière pour mieux voir Paris.

Parmi les invités parisiens, dont nous n'avons pas encore parlé, se trouvaient M. et madame Isidore Actéon, dont Jules, le garçon d'honneur, était le fils unique.

M. et madame Actéon étaient deux modestes rentiers, vivant simplement, ne faisant jamais aucun bruit, parlant peu et n'attirant l'attention de personne.

Bons, excellents, charitables, quoiqu'excessivement susceptibles, mais ne possédant aucune énergie, ne sachant que courber le dos sans jamais redresser la tête, se plaignant entre eux d'une offense reçue sans oser adresser une parole à celui qui l'avait faite, M. et madame Actéon étaient de ces gens connus pour être désignés par ces mots : *les meilleures pâtes du monde !*

C'est-à-dire de pauvres malheureuses victimes dont on peut abuser et que l'on martyrise en toutes occasions sans le moindre scrupule.

Y avait-il une corvée à supporter, un ennui à braver, une fatigue à éprouver, une démarche pénible à accomplir, vite on s'adressait au digne couple qui n'osait jamais refuser.

Mais, dans le tête-à-tête, M. et madame Actéon épanchaient leurs douleurs.

M. et madame Actéon étaient tellement bons qu'ils aimaient tout le monde.

Et tout le monde avait tellement abusé d'eux, qu'on avait fini par les regarder et par les traiter comme des gens sans la moindre importance.

Aussi, ce jour-là, comme on ne savait que faire des enfants qui embarrassaient et froissaient les toilettes, comme ces enfants étaient au nombre de douze, on avait mis madame Actéon dans un fiacre, M. Actéon dans un autre, et on leur avait adjoint six enfants à chacun.

Et tous deux avaient accepté sans se plaindre.

Le cortége s'était donc mis en route, et il avait atteint le boulevard des Capucines au moment où nous le rejoignons.

XI

Les bonnes amies.

— Eh bien ! madame Pingoin ! — dit madame Cuissard en interrompant une conversation entamée entre sa voisine et mademoiselle Pigrillard, conversation qui avait eu pour base intéressante la façon dont devait *être conduit* un pot-au-feu. — Eh bien ! voilà donc Fifine mariée !

— Mon Dieu oui! le tour est fait! — répondit aigrement mademoiselle Anastasie.

— Comment, le tour est fait? — dit madame Pingoin, — mais il me semble qu'il n'y a eu ni tour, ni détour dans ce mariage.

— Oh! c'est une façon de parler!

La vieille demoiselle sourit.

— Pourquoi riez-vous, Zizie? — demanda madame Guilloché.

— Moi? pour rien!

— Ah! si fait!

— Elle doit penser quelque abomination!

— dit madame Cuissard à l'oreille de sa voisine.

— Est-ce que ce mariage n'a pas votre approbation, mademoiselle? — demanda madame Pingoin.

— Oh! qu'il l'ait ou non, peu importe! — répondit la vieille fille. — L'approbation nécessaire était celle d'Adolphine et puisqu'elle a pu la donner...

— Comment! Est-ce que vous avez cru qu'elle ne la donnerait pas?

— Dame!...

— Pas possible?

— Et pourquoi pensiez-vous cela?

— Parce que je m'étais aperçu...

— De quoi? — interrompit madame Pingoin dont les réticences d'Anastasie commençaient à piquer singulièrement la curiosité si facile à éveiller.

— De quelque chose que vous n'aviez pas vu, mesdames.

— Qu'est-ce que c'est?

— Qu'y a-t-il?

— Parlez vite!

Les trois phrases partirent à la fois et se confondirent dans un même empressement à être formulées.

— Mon Dieu ! — fit mademoiselle Pigrillard en minaudant, — je ne sais si je dois,..

— Ah bah ! — dit madame Cuissard, —
entre amies !

— Moi, — ajouta madame Pingoin, — je
suis la marraine d'Adolphine, mais ça ne
m'empêche pas d'être juste, et si vous savez
quelque chose vous pouvez parler devant
moi.

— Et moi, — dit madame Guilloché, —
j'ai beau être la cousine d'Anténor, ce gar-
çon-là est tellement bête qu'il ne m'intéresse
pas assez pour que je m'affecte à propos de
ce qui peut lui arriver !

— Ainsi, parlez !

— Dites vite !

— Nous écoutons !

Et les trois commères, avançant avidement la tête, tendirent l'oreille avec un empresment qui parut flatter mademoiselle Anastasie Pigrillard.

— Eh bien ! — dit-elle en souriant méchamment, — vous ne connaissez donc pas l'histoire du petit jeune homme?

— Il y a donc une histoire? — dit madame Pingoin.

— Une histoire vraie? — ajouta sa vòisine.

— Quel petit jeune homme! — demanda madame Guilloché.

— Le petit brun maigre qui demeurait en face de Buchené.

— Dans l'hôtel garni?

— Oui.

— Au cinquième sur la cour?

— Précisément.

— Ah bah!

— Oui! — fit mademoiselle Anastasie en répondant aux interrogations muettes des regards attachés sur elle.

— Pas possible ! — fit madame Pingoin en levant ses bras maigres vers le ciel.

— Voyez-vous cela ! — dit simplement madame Cuissard qui paraissait beaucoup moins scandalisée que sa voisine.

— Cette petite Adolphine ! — fit madame Guilloché.

— Moi qui lui aurais donné le bon Dieu sans confession !

— Hein ! avec son petit air de sainte n'y touche !

— Fiez-vous donc aux apparences !

— Ah ! — dit Anastasie, — je ne prétends

pas qu'elle ait absolument quelque chose
de grave à se reprocher.

— Eh bien ! qu'est-ce que vous prétendez
donc, alors ?

— Qu'il y avait de l'amour entr'eux !

— Ah ! si ce n'est que cela ! — dit l'indulgente madame Cuissard.

— Mais il me semble que c'est déjà pas
mal, — dit aigrement la vieille fille.

— Voyons ! au fait ! qu'est-ce qu'il y a
eu ? — demanda madame Guilloché.

— Beaucoup de choses !...

— Quoi encore ?

— Des lettres !...

— Adolphine a écrit !...

— Dame ! c'est probable. Il fallait bien qu'elle répondît.

— Et puis quoi encore ?

— Des rendez-vous !...

— Vous en êtes sûre ?

— J'en réponds.

— Vous les avez surpris ?

— Oui.

— Où cela ?

— Dans la cour, un soir du mois dernier !

— Un mois avant son mariage ! — s'écria madame Pingoin dont l'indignation vertueuse semblait redoubler.

—'Ils parlaient bas'? — demanda madame Cuissard.

— Très-bas ! — répondit malignement Anastasie.

— Et vous avez entendu ?...

— Oh ! rien ! Ils ont cessé de parler en m'apercevant.

— Et les lettres, est-ce que vous en avez vu ?

— Deux !

— Comment ?

— Je les ai prises aux mains de la petite fille de la portière que l'on osait employer à ce honteux métier !

— Horrible ! — fit madame Pingoin en se démenant comme saint Laurent sur son gril.

— Et qu'est-ce que vous en avez fait ! — demanda madame Guilloché.

— Je les ai gardées.

— Vous les avez ?

— Oui !

— Montrez-les nous !

— Elles sont chez moi.

— Oh ! vous nous les ferez voir demain ?

— Bien volontiers.

— C'est scandaleux ! — s'écria madame Pingoin. — Ma filleule !... — Infortuné Anténor.

— Oh ! celui-là est assez bête pour qu'on ne le plaigne pas ! — fit observer madame Cuissard.

Comme on le voit, personne ne s'indignait de l'action, parfaitement répréhensible cependant, commise par mademoiselle Pigrillard ; action dont la vieille fille paraissait se vanter loin d'en avoir honte.

S'emparer d'une lettre qui ne vous est pas adressée est un véritable crime de lèse-probité, mais décacheter cette lettre est une violation des plus simples convenances qu'aucun sentiment ne peut faire excuser.

Mais mademoiselle Anastasie Pigrillard avait quarante ans, elle était laide, elle était disgracieuse, elle était encore fille surtout !

Adolphine, elle, avait vingt ans à peine, elle était jolie, elle était charmante et elle avait passé son temps à refuser bon nombre de prétendus jusqu'au jour où, par une circonstance que nous ignorons encore, elle s'était décidée à faire le singulier choix que nous connaissons.

Donc mademoiselle Anastasie devait détester Adolphine et elle la détestait sincèrement, réellement, profondément.

Donc elle devait chercher chaque occasion de médire sur son compte, de la trouver en faute, de lui nuire enfin, et non-seulement elle saisissait avec un empressement diabolique chacune de ces occasions alors qu'elle les rencontrait, mais ne les eût-elle pas rencontrées, qu'elle était, certes, fille à les faire naître et au besoin à les créer.

Adolphine était loin de supposer qu'elle eut près d'elle une ennemie aussi perfide.

Les autres femmes, les compagnes de promenade de mademoiselle Pigrillard, savaient fort bien à quoi s'en tenir sur son compte, mais dire du mal d'autrui et surtout en entendre dire sont deux choses possédant de tels charmes qu'aucune d'elles n'eût senti assez de force pour imposer silence à la méchanceté de la vieille fille.

— Alors, — reprit madame Cuissard, — Adolphine avait un amoureux?

— Oui, — répondit Anastasie.

— Elle l'a peut-être encore! — fit observer madame Pingoin, laquelle, en sa qualité de prude, était toujours disposée à aller beaucoup plus loin que les autres et à croire le mal plus grand qu'il n'était.

— Mais alors pourquoi s'est-elle mariée? — dit madame Guilloché.

— Ah ! voilà ! — fit Anastasie.

— Oui, au fait ! pourquoi n'a-t-elle pas
épousé le chéri de son cœur ? — ajouta madame Cuissard.

— Pour tromper un honnête homme ! —
dit madame Pingoin avec un redoublement
d'indignation.

— A quoi ça l'avancerait-il ?

— Comment ! madame Cuissard, à quoi
ça l'avancerait ? — s'écria la vertueuse femme
dont les yeux fauves flamboyaient, — mais
ces petites natures-là, ça aime à faire le mal
pour le plaisir de le faire. Elle tromperait
Anténor pour avoir une intrigue ! Une in-

trigue ! — répéta madame Pingoin, — je n'en ai jamais eu, moi !

Madame Cuissard cligna de l'œil et fit la grimace en regardant madame Guilloché.

Celle-ci sourit et mit la tête à la portière comme pour prendre l'air.

— La vieille folle ! — murmura-t-elle.

— Je crois bien qu'elle n'a pas eu d'intrigüe, elle ! — dit vivement et à voix basse madame Cuissard. — Il aurait fallu être un fier intrigant pour ne pas reculer devant ce squelette ambulant !

Pendant ce temps madame Pingoin, qui était certes à mille lieues de penser qu'elle pût être le sujet d'une réflexion aussi irrévérencieuse, madame Pingoin reprenait la conversation avec Anastasie.

— Comment avez-vous pu surprendre la clef de toutes ces infamies ? — dit-elle.

— Mon Dieu ! — répondit Anastasie, — de la façon la plus simple.

— Vous vous doutiez donc de quelque chose ?

— Mais non !

— Vous avez épié ?

— Non plus.

— Eh bien ! alors...

— Le hasard a tout fait !

— Le hasard est un grand maître ! on a bien raison de le dire ! Voyez-vous cette petite Adolphine ! En vérité, Dieu ! je n'en reviens pas ! Et mon imbécile de mari qui était toujours à me la vanter !

— Ah ! — fit madame Cuissard qui s'était retournée, — les hommes, c'est un tas de pas grand'choses. Le meilleur n'est bon ni à rôtir ni à bouillir ! C'est comme Cuissard ! un vrai papillon ! Ces messieurs ne trouvent à leur goût que les femmes qui écoutent leurs gaudrioles.

— Ne me parlez pas des hommes ! — dit mademoiselle Anastasie d'un air pincé !

— Oui ! ils sont trop verts ! — murmura madame Pingoin à l'oreille de madame Cuis-

sard en faisant semblant d'arranger les ru-
bans du chapeau de sa voisine.

— Mais, Anastasie, — dit madame Guilloché, puisque vous savez quelque — chose,
racontez-nous tout cela en détails.

— Oui! oui! — dit madame Pingoin, —
cela nous fera passer le temps!

Anastasie faisait des mines, comme une
personne ne demandant qu'à violer la dis-
crétion dont elle affecte de faire parade.

— Voyons, Zizie! qu'est-ce que vous savez? — demanda madame Cuissard.

— Des choses affreuses, ma chère! — dit
enfin Anastasie, — et dont le souvenir me
fait rougir!

Madame Cuissard et madame Guilloché échangèrent encore un sourire moqueur.

— D'abord, qu'est-ce que c'est que le jeune homme? — dit madame Pingoin.

— Pas grand'chose de bon, à coup sûr ! — répondit mademoiselle Pigrillard.

— Laissez-la raconter sans l'interroger ! — fit madame Guilloché.

— Zizie ! nous écoutons !

— Et surtout ne passez rien !

— Dites-nous tout !

— Eh bien ! figurez-vous... — commença

mademoiselle Pigrillard, tandis que ses trois interlocutrices se rapprochaient plus curieusement encore que la première fois.

XII

La dette.

Deux scènes de notre récit s'accomplis-
sant au même instant, à la même heure,
dans deux endroits différents de la capitale,
nous sommes obligés, pour la clarté des
événements que nous présentons, de divi-
ser notre livre comme on divise un théâtre

alors que les lieux de scènes sont différents dans un même acte, et, abandonnant encore une fois la noce qui roule vers le bois de Boulogne, nous allons prier le lecteur de revenir avec nous rue Neuve-des-Mathurins et de rentrer dans le cabinet de M. de Rueil à l'instant précis où nous en sommes sortis.

Lambert continuait son récit que Charles écoutait avec une extrême attention.

— Mais ces calomnies, quelles étaient-elles, et pourquoi les avait-on lancées contre toi? — disait M. de Rueil.

— Madame Raymond devait me l'apprendre, — répondit Lambert.

— Était-ce réellement grave?

--- Tu vas en juger.

« Il paraîtrait, du moins à ce que m'affir-
mait ma visiteuse, que mon père, quelques
jours avant sa mort, se trouvait dans une
situation embarrassée.

Par suite de mauvaises spéculations, le
peu qu'il avait amassé se trouvait menacé
d'une perte certaine : il était enfin à la
veille d'être ruiné, si une main généreuse
ne se tendait vers lui pour l'aider à sortir
d'embarras.

Il avait besoin d'une somme de cinquante
mille francs pour ne pas voir ternir son
honneur commercial.

L'un de ses plus intimes amis, un homme

qu'il aimait comme un frère et dont il était
lui-même aimé comme tel, un garçon qui
avait foi en son avenir, lui prêta cette
somme.

Une simple lettre de mon père, écrite en-
tièrement de sa main, servit de reçu.

Le lendemain du prêt, l'obligeant ami,
qui avait la direction d'une maison de commerce à Batavia, s'embarquait pour se rendre à ses affaires.

Mon père devait le rembourser deux ans
plus tard.

Malheureusement, trois jours après le dé-
part de son prêteur, mon père, miné déjà
par le chagrin que lui avait causé la perte

de sa femme, ma pauvre mère qui était morte
en me donnant le jour, mon père, malade
encore des tourments plus récents que ve-
naient de lui infliger la situation précaire de
sa fortune, et la menace de sa ruine prochaine, si la main de son ami ne s'était ten-
due vers lui, mon père fut la victime d'un
épouvantable accident.

Il était architecte, je crois te l'avoir dit
jadis, et comme tel obligé de surveiller les
travaux qu'il conduisait, en s'exposant chaque jour sur ces échafaudages fragiles qui
ont causé déjà de si nombreuses catastro-
phes.

Il venait d'accomplir sa tâche ordinaire,
de donner ses ordres et de parler à ses en-
trepreneurs, lorsqu'en voulant descendre

du haut d'une maison dont on était en train
d'établir la toiture, il fit un faux pas....

L'échafaudage auquel il s'efforça de s'ac-
crocher manquait de solidité : il n'était que
provisoire...

La secousse violente qu'il lui imprima,
détruisit l'équilibre.

L'échafaud céda...

Mon pauvre père fut lancé dans l'espace,
et son corps alla se briser sur le pavé de la
cour.

Quand on le releva, il respirait à peine, il
ne pouvait plus parler : ses regards avaient
seuls encore le sentiment de la vie.

Avec des précautions infinies on le trans-
porta chez lui.

J'étais bien jeune alors, j'avais trois ans à
peine, mais la scène qui eut lieu restera
éternellement gravée dans ma mémoire et
je la verrai là, toujours devant moi, comme
si elle venait de s'accomplir.

Une vieille bonne prenait soin de mon enfance et m'élevait sous la surveillance de
mon père.

J'étais occupé à jouer dans une petite
chambre qui m'était consacrée, quand on
rapporta le mourant pour le placer sur le
lit qu'il ne devait plus quitter que pour le
cercueil.

Je ne savais rien : je n'avais rien vu, rien entendu.

On vint me chercher pour me conduire près de lui.

Il ne m'avait pas demandé, il ne pouvait plus parler, mais on avait supposé qu'il devait désirer me voir.

Quand la bonne, tout en larmes, vint me prendre dans ses bras, et me porta dans la chambre de mon père, je l'interrogeai sur sa douleur à laquelle je ne comprenais rien.

Seulement je voyais pleurer ma bonne et cela me rendait triste.

La pauvre fille ne pouvait répondre à mes
questions enfantines.

Arrivé sur le seuil de la chambre de mon
père, elle me laissa glisser à terre, m'embrassa tendrement et me poussa en avant.

Je fis quelques pas...

Mais lorsque j'aperçus, étendu sur le lit,
un homme au visage affreusement pâle, le
corps couvert de sang, les vêtements en
lambeaux, car on les avait lacérés pour dégager les membres, lorsque je reconnus dans
cet homme celui que j'aimais de tout l'a-
mour filial que Dieu avait placé dans mon
jeune cœur, je poussai des cris déchirants,
et m'élançai vers la couche ensanglantée.

« Un personnage vêtu de noir était au chevet du lit : c'était un médecin.

En m'apercevant, il fit un geste de commisération et se recula.

Mon père me reconnut sans doute.

Il put tourner vers moi sa tête déjà pâlie par l'approche de l'agonie, et ses regards me carsesèrent avec un sentiment de tendresse et de douleur qui me fit éclater en sanglots.

En ce moment, un prêtre faisait son entrée dans la chambre... »

Lambert s'arrêta.

Une émotion très-forte agitait tout son être : la violence du cruel souvenir qu'il évoquait lui faisant oublier, à lui-même, ses propres douleurs.

Le front penché en avant, les yeux mouillés de larmes, les mains crispées, les traits contractés, il fut obligé de redemander à un instant de silence le calme dont il avait besoin pour poursuivre son récit.

Charles, lui aussi, était très-ému.

Non-seulement il comprenait la douleur de Lambert, non-seulement il compatissait au chagrin que devait éprouver son ancien camarade de collége en revenant sur un passé cruel, mais cette douleur d'un fils, pleurant sur la mort de son père, ravivait encore la sienne.

Il pensait à sa mère, et deux larmes roulèrent sur ses joues brunies.

Se levant brusquement pour dompter cette

émotion poignante, il fit un tour dans la pièce ; puis, revenant vers Lambert, il lui saisit les mains, les serra énergiquement et prenant un autre siége, non plus placé en face de Lambert, mais bien à côté de celui du visiteur, il s'y laissa tomber en disant :

— Après ? mon ami, après ?

— Mon père mourut sans pouvoir prononcer une parole, — reprit Lambert en s'efforçant de dominer ses douloureuses impressions. — Il mourut sans avoir pu formuler une pensée autrement que par l'expression du regard.

Je ne te raconterai pas ici mon désespoir, car mon père était tout ce que j'aimais sur la terre ; je ne te dirai pas non plus comme quoi un tuteur fut nommé, et comment ce tuteur s'efforça, par ses soins et son amour, de combler le vide que le malheur avait fait autour de mes jeunes années.

Tout cela serait inutile, et nous écarterait du sujet de mon récit.

Il paraîtrait qu'au moment de sa mort, mon père, — toujours au dire de madame Raymond, — n'avait point encore touché aux cinquante mille francs que lui avait prêtés son généreux ami.

Mon père, non plus, n'avait fait part à personne de cet emprunt.

Son ami était parti : il était embarqué, et comme il n'avait ni femme ni enfant, qu'il jouissait d'une fortune indépendante, il n'avait eu besoin de confier à personne le service qu'il avait rendu avant de quitter Paris.

Bref, — c'est toujours madame Raymond qui parle, — cette dette de mon père étant absolument, complètement inconnue, aucun papier n'en faisant mention, mon tuteur prit ces cinquante mille francs, que trouva le notaire, pour une somme appartenant en propre au défunt, et, par conséquent, devenant la propriété naturelle de son unique héritier.

Mon père devait avoir reçu ces cinquante mille francs, quatre jours seulement avant celui où il fut tué par suite de l'horrible accident.

Sans doute, il n'avait pas eu le temps de mettre ordre encore à ses affaires, et devant se croire éloigné d'une fin aussi prochaine, il conservait probablement cet argent pour quelque échéance que j'ignore.

Mon tuteur ne m'avait jamais parlé de cette circonstance, — circonstance, qu'au reste, il avait dû absolument ignorer jusqu'à sa mort.

Enfin, il paraîtrait que, la liquidation de la succession terminée, tout ce que possédait mon père, en dehors de ces cinquante mille francs, avait strictement suffi à combler son passif, et que ces cinquante mille francs étaient seuls restés, formant tout mon patrimoine.

Là était un point que je ne pouvais discuter.

Mes comptes de tutelle existaient pour prouver qu'effectivement l'héritage de mon père s'était élevé, net, à une somme de cinquante mille francs.

Sous ce rapport, du moins, ce que disait madame Raymond était exactement vrai.

— Mais, — fit observer Charles, — l'ami qui avait prêté ces cinquante mille francs existait encore, lui, et, puisqu'il avait un reçu de ton père, il pouvait réclamer la somme prêtée.

— L'ami de mon père, qui se nommait Verneuil, — répondit Lambert, — était mort du choléra quelques mois après son arrivée à Batavia, et avant même d'avoir pu recevoir la nouvelle de la mort de mon père.

— Mais ses héritiers ?

— Ses héritiers, soit que la lettre de mon père (qui n'était qu'un simple reçu sans forme légale) eût été égarée comme papier sans importance, soit qu'ils ne l'eussent pas comprise, ses héritiers ne firent jamais, du moins jusqu'au moment où je rencontrai madame Raymond, la plus légère réclamation.

Mon tuteur avait ignoré cette dette de mon père : moi-même je l'ignorais absolument.

Aucun papier, aucun titre, aucune note même n'en avaient fait foi.

— Eh bien ! mais, — dit Charles, — il y avait prescription à l'époque où tu étais arrivé ! .

— Non pas ! la prescription n'a lieu qu'au bout de trente années.

A l'époque où madame Raymond se

trouva si singulièrement mêlée à mon existence, c'est-à-dire il y a trois ans, j'avais
vingt-six ans.

Il y avait donc vingt-trois ans que j'avais
perdu mon père, et que j'étais, en son lieu
et place, débiteur d'une somme de cinquante
mille francs.

— Peste! — interrompit Charles, —
mais, grâce aux intérêts des intérêts, tes
cinquante mille francs avaient au moins tri-
plé, depuis vingt-trois ans, et tu devais une
somme énorme, si le véritable créancier se
présentait.

— Je devais, — dit Lambert, — cent qua-
rante-sept mille francs!

— Et on te les réclama ?

— Madame Raymond venait m'en apporter la nouvelle.

— Comment cette femme se trouvait-elle
mêlée à tout cela ?

— C'étaient son mari et son frère qui
étaient mes créanciers.

— Ils étaient donc les héritiers de ce
M. Verneuil, l'ami de ton père ?

— Oui, à titre de neveux.

— Pourquoi n'avaient-ils pas réclamé
plus tôt ?

— Trois ans seulement avant cette époque, un hasard les avait mis en possession
du titre qui avait été égaré.

C'était, à ce que me dit madame Raymond, en brûlant des papiers de famille, à Batavia (car tous trois habitaient cette ville), et avant de se mettre en voyage pour revenir en France, que son mari et son frère avaient, par suite du hasard le plus singulier, mis la main sur cette lettre, qui avait été classée, comme lettre, dans la correspondance du défunt et qui, depuis vingt ans, était enfouie au fond d'une vieille caisse.

En découvrant cette fortune, car, avec les intérêts, ces cinquante mille francs formaient un capital considérable, les deux beaux-frères se hâtèrent de revenir en France, pressant encore l'instant du voyage qu'ils avaient précédemment arrêté.

A leur arrivée à Paris, ils ont chargé un

homme d'affaires intelligent de trouver la trace du débiteur et de suivre la piste.

— Et ils l'ont trouvée ?

— Facilement, comme tu le penses.

— Eh bien ! alors, pourquoi n'ont-ils pas agi immédiatement ?

— Parce qu'à ce moment, il y a cinq ans, par conséquent, j'étais sur le déclin de la pente qui aboutissait à la ruine.

Grâce à mes folies, j'avais tout mangé ainsi que je te l'ai dit tout à l'heure.

Je n'avais plus rien, ou presque rien : une dizaine de mille francs, et plus encore des dettes.

— Je comprends ! les frais de poursuite n'auraient pas été payés ! Ils ont dû attendre.

— Et ils ont attendu.

— Ce fut alors que tu jouas à la Bourse ?

— Oui, et que la bonne chance me fut favorable.

— Tu m'as dit qu'en deux années tu avais réalisé près de deux cent mille francs !

— Oui : mes créanciers, dont j'ignorais l'existence, m'avaient suivi pas à pas, durant ces deux années, avec un soin et un acharnement digne du chien de chasse poursuivant le gibier.

Enfin, quand ils surent que ma fortune présente dépassait de quelques mille francs la somme de la dette dont ils voulaient réclamer le payement, ils se résolurent à agir !

Le jour même précédant le soir où je rencontrai madame Raymond dans la rue d'Amsterdam, ces messieurs avaient arrêté leur plan et le surlendemain je devais recevoir une première assignation.

— Je comprends, à la rigueur, la conduite de ces hommes, si tu leur devais réellement ou du moins si ton père avait été réellement débiteur de leur oncle, — dit Charles, — mais ce que je ne comprends pas, c'est la pensée de te calomnier dans l'esprit public, pensée que tu m'as dit qu'ils avaient mise en pratique.

— Quoi ! tu ne comprends pas ?

— Non !

— C'est bien simple cependant.

— Ma foi ! je ne trouve pas.

— Écoute, Charles ! l'acte fait par mon père était sous-seing privé, un véritable acte sans consistance. Je pouvais, sinon nier absolument la dette, au moins la contester, plaider avec avantage et, ainsi que me le dit un avocat que je consultai alors, avoir de grandes chances de gain.

Pour augmenter les leurs, au contraire,

ces hommes, auxquels je n'avais fait aucun mal, résolurent de me perdre dans l'opinion de tous.

Recherchant dans ma vie passée, avec l'acharnement d'ennemis implacables, ils entassèrent les preuves de mon oisiveté, de mes folies, de mon inconduite, enfin, bien convaincus que se posant, eux, en face des juges, comme des gens honnêtes, laborieux, intéressants, vis-à-vis d'un jeune homme débauché, paresseux, joueur, ils parviendraient à entraîner plus facilement le tribunal, qui devait d'autant moins hésiter à reconnaître la dette, que laisser l'argent entre des mains prodigues comme les miennes eût été folie.

— C'était, au fait, assez sagement raisonné, — dit Charles.

— C'est ce que je pensai aussi.

— Et cette madame Raymond était venue
te prévenir ainsi de cette affaire, uniquement pour reconnaître le service que tu lui
avais rendu la veille au soir?

— La pauvre femme avait un autre motif.

— Lequel?

— Je vais te l'apprendre, — répondit
Lambert. — Ah! s'il n'y avait eu dans toute
cette infernale intrigue qu'une simple question d'argent!

— Bah! Y avait-il donc encore autre
chose?

— Oui !

— Quoi donc?

— Un drame horrible !

— Un drame ?

— Dans lequel, malheureusement, j'étais appelé à jouer le plus douloureux rôle !

— Oh! oh! tu m'intrigues. Est-ce donc ce drame, auquel tu fais allusion, qui a été la source de tous les malheurs et la cause de ta situation présente?

Lambert fit un signe affirmatif.

Charles rapprocha son siége de celui de son ami.

La noce atteignait en ce moment l'entrée des Champs-Élysées, et MM. Cuissard, Pingoin, Guilloché et autres, continuaient au *Café du Méridien* la joyeuse journée qu'ils s'étaient promise.

FIN DU PREMIER VOLUME.

TABLE

DU PREMIER VOLUME.

—

Chap.   I. Les noces...........................   3
          II. Après la messe....................   39
         III. Le blessé..........................   63
          IV. L'évanouissement..................   87
           V. L'enfant prodigue................ 105
          VI. Un déjeuner de garçons........... 131
         VII. Les souvenirs de jeunesse........ 153
        VIII. Le Protecteur..................... 169
          IX. Une visite inattendue............ 199
           X. La promenade..................... 225
          XI. Les bonnes amies................. 251
         XII. La dette.......................... 275

Sceaux, imprimerie de E. Dépée.

TABLE

I. Les noces 3
II. Après la soupe 30
III. Le blé 63
IV. Le moment d'absent 81
V. Quelque prochain 108
VI. Un déjeuner de garçons 121
VII. Une courte vie de jeunesse ... 133
VIII. La Procession 160
IX. Une visite inattendue 190
X. La promenade 228
XI. Les bonnes amies 251
XII. La dette 279

Ce sont imprimerie de E. Dépée.